"十三五"职业教育规划教材
高职高专艺术设计专业"互联网+"创新规划教材

交通空间设计

陈 朔 徐 鑫 著
范思正 学术顾问

内 容 简 介

本书结合丰富的设计案例与工作任务，对"交通空间"这一空间类型的装饰艺术设计进行解析，内容包括对空间及交通空间的认知、交通空间中的元素、交通空间的结构与组织、交通空间环境装饰设计、交通空间中的环境设施、交通空间设计实例解析。本书按照交通空间室内艺术设计的流程编排内容，通过对交通空间相关理论知识的梳理，引导学生进行设计实践，实现教、学、做一体化。

本书可作为高职高专室内艺术设计等专业的教材，也可作为环境艺术设计、建筑设计等相关专业的参考书，还可供从事相关设计工作的人员参考。

图书在版编目(CIP)数据

交通空间设计 / 陈朔，徐鑫著．—北京：北京大学出版社，2020.8
高职高专艺术设计专业"互联网+"创新规划教材
ISBN 978-7-301-31470-8

Ⅰ. ①交… Ⅱ. ①陈… ②徐… Ⅲ. ①交通运输中心—设计—高等职业教育—教材 Ⅳ. ①U115

中国版本图书馆 CIP 数据核字 (2020) 第 135136 号

书　　名	交通空间设计 JIAOTONG KONGJIAN SHEJI
著作责任者	陈　朔　徐　鑫　著
策 划 编 辑	孙　明
责 任 编 辑	蔡华兵
数 字 编 辑	金常伟
标 准 书 号	ISBN 978-7-301-31470-8
出 版 发 行	北京大学出版社
地　　址	北京市海淀区成府路 205 号　100871
网　　址	http://www.pup.cn　新浪微博：@北京大学出版社
电 子 信 箱	pup_6@163.com
电　　话	邮购部 010-62752015　发行部 010-62750672　编辑部 010-62750667
印 刷 者	北京宏伟双华印刷有限公司
经 销 者	新华书店 889 毫米 ×1194 毫米　16 开本　8.75 印张　256 千字 2020 年 8 月第 1 版　2020 年 8 月第 1 次印刷
定　　价	53.00 元

未经许可，不得以任何方式复制或抄袭本书之部分或全部内容。

版权所有，侵权必究
举报电话：010-62752024　电子信箱：fd@pup.pku.edu.cn
图书如有印装质量问题，请与出版部联系，电话：010-62756370

基金项目

江苏省高校哲学社会科学基金资助项目"基于符号学的南京地铁空间艺术设计研究"(2017SJB0614)成果

南京交通职业技术学院2017年《交通空间设计》校本教材建设项目成果

南京交通职业技术学院2017年交通空间设计优质核心资源课程建设成果

本成果得到2017年江苏省高校优秀中青年骨干教师境外研修计划项目资助

前 言

以不同功能类型来划分空间，进行教学与设计实践，从而训练学生的室内设计能力，是高职高专室内艺术设计等相关专业教学的重点与核心。室内艺术设计通常包括家居空间设计、商业展示空间设计、办公空间设计等，但对交通空间设计方面涉及较少。随着我国交通行业的蓬勃发展，作为一种特殊的空间类型，交通空间越来越受到人们的关注。因此，对于交通空间类型的室内艺术设计的教学体系如何建立的问题也亟待解决。

本书按照交通空间室内艺术设计的流程编排内容，通过对交通空间相关理论知识的梳理，引导学生进行设计实践。本书分为两个模块：模块一先从空间的概念入手介绍空间的类型与特征，然后针对交通空间的特殊性，重点阐述了交通空间的概念与类型，以及交通空间中的元素、结构与组织、环境装饰设计和环境设施等；模块二通过对典型交通空间室内装饰设计流程的解析，将理论与实践相结合，帮助学生巩固所学的知识，引导学生按照设计流程进行设计实践。

本书编写采用校企合作、任务驱动、项目化教学的理念，规避了传统教材重理论轻实践的缺点，在具体内容和案例的选取上重点体现交通特色，通过对优秀的交通空间设计案例的分析、工作任务等环节，将知识点串联起来，使交通空间设计理论融入实践。本书还配有图片、视频、素材等资源，全方位地向读者传授交通空间设计方面的知识，以打造出一个沉浸式的学习氛围。

本书主要由陈朔撰写完成。模块二中项目7的资料由南京地铁资源开发有限责任公司工程师徐鑫提供。全书由美国博林格林州立大学建筑与环境设计系范思正老师审稿，范老师给予了许多宝贵的编写意见与修改建议。李娟老师为本书收集、整理了一些设计实例资料。书中所使用的作品范例多为编者教学指导的南京交通职业技术学院学生的优秀作品。在此对以上人员一并表示感谢！

在编写过程中，编者还参考了一些文献资料与设计实例，在此向相关的作者和同仁表示由衷的感谢！

由于编者水平有限，书中难免存在不足之处，敬请广大读者批评指正。

编 者
2020 年 3 月

【资源索引】

目　录

模块一　认知·交通空间设计基础

项目1　对空间的认知 3
1.1 空间的概念 3
1.2 空间的形式 4
    1.2.1 开敞空间与封闭空间 4
    1.2.2 动态空间与静态空间 5
    1.2.3 共享空间与私密空间 5
1.3 空间的类型 6
工作任务1　空间的产生体验 7

项目2　对交通空间的认知 8
2.1 交通空间的概念 8
2.2 交通空间的类型 9
    2.2.1 公交车站 9
    2.2.2 地铁站 11
    2.2.3 汽车客运站 15
    2.2.4 火车站 18
2.3 交通空间的基本特征 22
工作任务2　交通空间的艺术化与地域化特征分析 22

项目3　交通空间中的元素 24
3.1 交通空间的形态元素 24
    3.1.1 空间中的点 24
    3.1.2 空间中的线 25
    3.1.3 空间中的面 25
    3.1.4 空间中的体 26
3.2 交通空间的限定元素 27
    3.2.1 水平限定 27
    3.2.2 垂直限定 30
    3.2.3 综合限定 32

CONTENTS

 3.3 交通空间的功能元素 33
   3.3.1 水平交通功能元素 33
   3.3.2 垂直交通功能元素 34
   3.3.3 交通枢纽功能元素 35
 工作任务 3 地铁出入口设计实践 37

项目 4 交通空间的结构与组织 40

 4.1 交通空间的结构与组织形式 40
   4.1.1 邻接结构 40
   4.1.2 重叠结构 41
   4.1.3 包容结构 42
   4.1.4 串联结构 42
   4.1.5 放射结构 43
   4.1.6 序列结构 44
 4.2 交通空间的结构与组织方法 44
   4.2.1 功能分区 45
   4.2.2 交通流线的组织 48
 工作任务 4 交通空间平面图测绘与交通流线分析 50

项目 5 交通空间环境装饰设计 52

 5.1 交通空间装饰主题设计 52
 5.2 交通空间装饰色彩设计 53
 5.3 交通空间装饰材料设计 56
 工作任务 5 交通空间界面装饰设计实地调研 57

项目 6 交通空间中的环境设施 59

 6.1 照明设施系统 59
 6.2 信息标识系统 60
   6.2.1 导视标识类 61
   6.2.2 信息宣传类 62
   6.2.3 商业广告类 62
 6.3 服务设施 63

目 录

  6.3.1 座椅 63
  6.3.2 垃圾回收箱 64
  6.3.3 卫生间 64
  6.3.4 饮水器 65
  6.3.5 自助服务设施 65
6.4 管理设施 66
  6.4.1 安检设施 66
  6.4.2 拦阻设施 67
  6.4.3 检票闸机 67
6.5 公共艺术 68
工作任务 6　交通空间环境设施创意设计 70

模块二　实践·交通空间设计实例解析

项目 7　地铁空间设计
——南京地铁 3 号线室内空间设计 75

7.1 项目概况 75
7.2 设计理念与原则 76
7.3 整体形象规划设计定位 77
7.4 装修系统设计定位 78
  7.4.1 站点分析 79
  7.4.2 装饰界面模数分析 79
  7.4.3 材料设计与选择 83
  7.4.4 照明设计定位 84
7.5 公共艺术设计 85
7.6 地铁空间商业系统规划 87
7.7 设计成果 88
  7.7.1 南京地铁 3 号线整体形象规划 88
  7.7.2 南京地铁 3 号线室内装修设计 89
  7.7.3 车站内共有元素深化设计 92
  7.7.4 南京地铁 3 号线艺术墙设计 94
  7.7.5 设计图纸与效果图 96

CONTENTS

项目 8　火车站空间设计
——苏州火车站改造工程设计 106

- 8.1　项目概况 106
- 8.2　总体规划 107
  - 8.2.1　城市交通路网规划 107
  - 8.2.2　总平面布局 108
  - 8.2.3　景观与绿化设计 110
  - 8.2.4　外部交通组织 112
  - 8.2.5　内部交通流线设计 114
- 8.3　车站空间功能布局 115
  - 8.3.1　地下出站通道层（-6.75m 标高）...... 115
  - 8.3.2　站台层（0.00m 标高）...................... 116
  - 8.3.3　高架层（+8.25m 标高）.................... 118
  - 8.3.4　地铁层（-11.75m 标高，-16.75m 标高）........ 119
- 8.4　空间形态与建筑造型 119
- 8.5　设计表现 121
  - 8.5.1　立面图 121
  - 8.5.2　效果图 122
  - 8.5.3　实物模型 126

参考文献 127

模块一

认知·交通空间设计基础

学习要求和目标

■ **学习要求**：学生从基本的空间概念开始学习，了解空间的类型，能够灵活地将空间的理论知识应用到交通空间设计当中；明确交通空间的特殊性，进而深入学习交通空间的形态元素、限定元素、功能元素、结构与组织、环境装饰与环境设施，并结合相应的工作任务实践锻炼加深对理论知识的理解和应用。

■ **学习目标**：培养学生的专业认知能力与敏锐的设计观察力，以及理性的设计分析能力，通过工作任务训练加深其对交通空间的认知和理解，为后续交通空间设计实践打下基础。

模块知识要点

项目	项目内容	工作任务训练
对空间的认知	空间的概念与类型	空间的产生体验 （实践感知）
对交通空间的认知	交通空间的概念、类型及特征	交通空间特征调研 （实例分析）
	交通空间的形态元素 （点、线、面、体） 交通空间的限定元素 （水平限定、垂直限定、综合限定） 交通空间的功能元素 （水平交通、垂直交通、交通枢纽）	地铁出入口设计实践 （设计实践训练）
	交通空间的结构与组织形式 （邻接、重叠、包容、串联、放射、序列） 交通空间的结构与组织方法 （功能分区、交通流线）	交通空间平面图测绘与交通流线分析 （实地考察、操作分析）
	交通空间环境装饰设计 （空间装饰主题、色彩与材料）	交通空间界面装饰设计调研 （实地调研、记录分析）
	交通空间中的设施设计 （照明设施系统、信息标识系统、服务设施、管理设施、公共艺术）	交通空间环境设施创意设计 （设计实践训练）

模块引言

留心观察日常生活，不难发现人们身边存在必不可少的空间环境，而且随着社会经济的不断发展，这些空间环境的类型变得丰富多彩，空间的概念也伴随着城市的发展不断地丰富与完善。

交通事业在国民经济发展中具有极为重要的地位，交通类建筑属于国家建设的基础性设施。随着我国经济的发展，海港码头、航空港、高铁车站、城市地铁轨道车站、长途汽车客运站、高速公路服务区等一系列交通类建筑应运而生。交通类建筑内部空间的装饰设计越来越受到人们的关注，其空间的功能更加多元化，空间的形态更加艺术化，空间的设施设计也更加人性化。在本模块中，我们将一起去深入探索交通空间设计的奥秘，感受交通空间设计的艺术之美，并为交通空间的设计实践打下基础。

项目1　对空间的认知

意大利罗马大学建筑历史教授布鲁诺·赛维在《建筑空间论——如何品评建筑》一书中指出，建筑的目的就是产生空间，一切建筑都是从这种需要中产生的。建筑师用空间来造型，如果把空间设计作为艺术创作来看待的话，那么建筑设计师就是要力求通过空间手段，使进入空间的人们能够激起某种情绪。因此，作为室内艺术设计专业的学生，必须要了解空间的基础知识，强化自身感知和体验空间的能力，以期为后续的交通空间设计奠定良好的空间思维基础。

1.1　空间的概念

"空间"一词源自拉丁语"spatium"，是指"在日常三维场所的生活体验中，符合几何环境的一组元素或地点，是两地点间的距离或特定几何环境的虚体区域"。由此可见，空间是看不见摸不着的，就需要依靠实体来界定。空间是一种被限定的三维环境，是一个内空体，是可被感知的场所。空间感的形成是实体间相互作用的结果，实体与空间两者密不可分，是一个相互依存的有机整体。因此，设计者想要设计出好的空间，必须着眼于实体造型的设计，而设计实体时也要重点关注其所围合的空间的合理性。

【美国古根海姆博物馆】

例如，美国古根海姆博物馆（弗兰克·赖特设计，如图1.1所示）和法国卢浮宫金字塔玻璃入口（贝聿铭设计，如图1.2所示），不同的建筑实体造型营造出不同的室内空间形态与感受。

【法国卢浮宫金字塔入口】

人们可以通过各种感官，如视觉、听觉、嗅觉、触觉等，对空间的大小、色彩、形状、质感等方面进行综合体验。实际上，每种动物都有本能的空间感与领域感。人作为一种高等动物，也有这种自然的心理需求。心理学家萨姆·格斯林最早提出"个人空间"的概念，他认为每个人的周围都存在一个既看不见又不可分的空间范围。在日常行为中，为了求得心理上的安全感与稳定感，人们会应用各种外在介质来界定出自身与他人的空间领域。

图1.1　美国古根海姆博物馆的外形与内部空间

图1.2 法国卢浮宫金字塔玻璃入口的外形与内部空间

1.2 空间的形式

现代空间装饰设计不仅要满足人们视觉上美化装饰的需要,而且要综合运用各种技术手段与艺术手段创造出符合现代生活要求、全面满足人们的生理需要和心理需要的室内空间环境。特别是人们对室内空间形式的心理感受,如开敞与封闭、动态与静态、共享与私密等,显示出空间形式对于人们的心理反应所具有的对应关系。基于此,我们可以设计出满足人们不同情感需要的空间形式。

1.2.1 开敞空间与封闭空间

开敞空间是一种空间内部与外部之间联系较紧密的空间形式。其主要特点是墙体面积较少,往往采用大开洞或大面积的玻璃门窗的形式,强调空间环境的交流,室内与室外景观的相互渗透,讲究对景和借景。在空间性格上,开敞空间属于外向型空间,限制性与私密性较弱,包容性与开放性较强。

封闭空间是一种空间内部与外部联系较少的空间形式。在空间性格上,封闭空间属于内向型空间,体现出静止、凝滞的状态,具有领域感和安全感,私密性较强,有利于隔绝外来的各种干扰。有时候为了防止封闭空间的单调感和沉闷感,可以采用设置镜面、灯光造型和人造景窗等手法来进行空间装饰。

【开敞空间与封闭空间】

如图1.3所示,开敞式的客厅设计与封闭式的KTV包厢设计,营造出截然不同的空间效果。

图1.3 开敞空间设计与封闭空间设计

1.2.2 动态空间与静态空间

动态空间是一种非常活泼、灵动的空间形式。其主要特点是空间形式较为开放，呈现出多变性和多样性，动感较强，富有节奏感和韵律感。动态空间多采用曲线和曲面等表现形式，空间色彩明亮艳丽。动态空间的营造可以采用以下几种方法：

（1）利用自然景观，如喷泉、瀑布和流水等。
（2）利用各种物质技术手段，如旋转楼梯、自动扶梯和升降平台等。
（3）利用动感较强、光怪陆离的灯光和欢快的背景音乐。
（4）利用强烈的对比性图案或颜色、动感的线型。

静态空间是一种非常稳定、静止的空间形式。其主要特点是空间较为封闭，限定度较高，私密性较强，构成元素比较单一，多采用对称、均衡和协调的表现形式，空间色彩素雅，造型简洁。

图1.4所示为具有动态感的走廊空间设计和具有静态感的走廊空间设计。

【动态空间与静态空间】

图1.4　动态空间设计与静态空间设计

1.2.3 共享空间与私密空间

共享空间一般存在于大型公共建筑的中心部位，是主要的交通枢纽和公共交往空间。共享空间将多种空间体系融合在一起，在空间形式的处理上采用大中有小、小中有大、内外镶嵌、相互穿插的手法，形成层次分明、丰富多彩的空间环境。

私密空间一般界限明确，是领域感较强的封闭型空间，通常使用较少，具有鲜明的个人特征。

图1.5所示为共享型办公空间设计与私密型办公空间设计。

【共享空间与私密空间】

图1.5　共享空间设计与私密空间设计

1.3 空间的类型

按照空间的功能与用途，可以把空间分为不同的类型，如居住空间、办公空间、商业展示空间、交通空间等（表1-1）。从该表中可以发现，不同的空间类型，其空间功能、空间要素与特点各不相同。空间的使用功能对空间的影响最大，决定了空间的要素与结构组织形式、装饰风格与特点。交通空间作为一种特殊的空间类型，有其自身的空间特征，这也是本书研究探讨的重点。

表1-1 空间类型

空间类型	阐述	空间要素与特点	案例图示	
居住空间	居住空间是人们最重要的生活场所，通常包括卧室、起居室、餐厅、书房、厨房、卫生间等功能空间。居住空间按照空间大小又可以分为公寓居住类和别墅居住类	空间要素与人们的生活密切相关，集功能性与装饰性于一体	宜家家居空间设计	【宜家家居空间设计】
办公空间	办公空间是为人们提供从事技术或管理型工作的环境，通常由小型办公室、大型办公室、资料档案室、计算机室、绘图室、会议室等功能空间组成	空间要素主要包括空间大小、采光照明、色彩、办公家具、办公仪器和设备等，既要对内满足工作人员日常办公交流等需要，又要对外展示和宣传企业形象，营造良好的企业文化氛围	优客工场办公空间设计	【优客工场共享办公空间设计】
商业展示空间	商业展示空间是人们进行商品交易的场所，商品展示是其基本内容与主要目的。商业展示空间按照展示时间长短可以分为会展空间和店面展示空间	采用造型、色彩、多媒体、声光电等多种手段与途径，全方位丰富消费者对商品的体验，引导消费行为	优衣库上海旗舰店空间设计	【优衣库上海旗舰店店面设计】
交通空间	交通空间是为满足交通运输等功能需要所形成的公共空间。根据交通运输方式的不同，交通空间具体又可以分为火车站、地铁站、机场大厅等交通空间类型。交通空间包括水平交通空间（走道）、垂直交通空间（楼梯、电梯）、交通枢纽空间等功能要素	交通流线组织简洁明确，具有导向性，能满足采光、通风、照明及消防要求，满足人性化设计的需要，使人们能够方便快捷地出行，具有良好的空间形象	深圳机场空间设计	【深圳机场新航站楼设计】

工作任务1　空间的产生体验

■　任务目的

加深对空间理论的认知，采用卡片插接的构成形式，围合成不同的空间形态与形式。

■　操作材料与工具

A3大小卡纸、剪刀、美工刀、铅笔、尺子、橡皮等。

■　操作步骤

（1）确定插接单体形态与大致空间形式，运用单体材料的插接结构，尝试构成开敞空间与封闭空间。

（2）动手实践，制作实物模型。

（3）作品拍照，修图排版，上交电子稿。

■　作品评价

（1）构成单体形态元素是否合理，并满足空间构成的需要。

（2）空间的形式、结构关系、层次感是否丰富、巧妙。

（3）制作过程是否认真精细。

■　教学提示

鼓励学生去收集一些著名的空间设计案例，思考其空间构成形式，并在前人基础上做大胆的改进和再创造，通过有限的材料与手段进行空间的创造。

■　作品范例

作品范例请扫描二维码在线观看。

【空间的产生】

项目 2　对交通空间的认知

交通空间作为一种空间类型，符合空间的一般性质，但是由于其空间功能的特殊性，所以又具有自身的一些规律和特征。本项目中将通过具体的交通空间设计实例，总结归纳出不同类型的交通空间的特性，从而加深学生对交通空间的认识和理解。

2.1　交通空间的概念

交通空间是一种特殊的空间类型，其主要目的是满足交通运输等功能需要所形成的公共空间。交通空间的建设和发展体现了一个国家或地区的经济发展水平，属于城市的基础性设施建设。一般来说，一个地区的经济越发达，它的交通空间的建设发展就越成熟。

交通空间具有开敞性、共享性的特点。空间构筑的核心问题是对不同人员的交通流线进行合理的组织，能够使乘客方便、快捷、有序地进站和出站。另外，在空间功能上，交通空间还包括一些辅助性的服务设施与商业设施，充分地体现出人性化设计的理念，可建立良好的空间氛围与形象，使人们的出行更加方便。

【上海虹桥综合交通枢纽】

根据交通运输方式的不同，常见的交通空间主要包括公交车站、汽车客运站、地铁站、火车站、机场航站楼、轮渡码头、高速公路收费站等。用传统的候车室方式组织的空间，功能单一，导致旅客在站内候车时间较长，站内人员混杂。当前比较流行的交通空间建设发展思路是将公交、铁路、地铁等多种交通方式进行综合，并且融合商业、餐饮、办公等多种服务功能，使交通空间成为城市公共交通和服务的枢纽中心。目前，我国许多大城市的交通空间建设也正在朝这个方向发展。例如，上海虹桥综合交通枢纽（图 2.1）的设计将高速铁路、城际和城市轨道交通、公共汽车、出租车及航空港等多种交通方式紧密衔接，是我国城市交通建设上的一大创新。不管是在汇集的

图 2.1　上海虹桥综合交通枢纽

交通方式的数量上，还是在建筑规模上，它也是目前国际一流的现代化大型综合交通枢纽。无论是乘飞机抵达虹桥机场，还是搭高铁列车抵沪，都可以方便地在虹桥枢纽换乘轨道交通、长途汽车、公交车。

2.2 交通空间的类型

由于交通运输方式、乘车人群等方面的差异，不同的交通空间的空间特征也各不相同。本书主要就城市内的公交车站、地铁站、汽车客运站、火车站这四种最常见的交通空间类型分别进行讨论。由于编者水平有限，所以本书对于机场航站楼、轮渡码头，以及高速公路收费站、休息区等其他类型的交通空间设计并不涉及。

2.2.1 公交车站

公交车站是城市公共交通系统中必不可少的组成部分。普通的公交车站由顶棚和至少一个墙立面组成，属于开敞空间，是面积最小、空间构成最简单的交通空间。如果是公交车总站（通常是起点站或终点站），还需要设置办公空间供调度和司乘人员休息，以及设置一定的停车和维修养护空间。

公交车站的主要功能是为乘客提供公交乘车信息和遮阳避雨的休息等待环境，所以需要配备公交站牌、休息座椅、垃圾箱、照明等设施。公交站台的面积规模需要根据周边人口密集度、客流量大小、车辆长度、线路车次等因素综合考虑决定；另外，如果与公共自行车换乘相结合的话，还需要附加自行车停放空间。公交车站通常采用标准化和模块化组合的方式进行设计。站亭高度（指内部净高度，即候车亭地平面至顶棚距离）不宜小于2.75m，顶棚宽度不宜小于1.5m。在交通流线上，需要规划出停车上下客区域。停车区长度应与候车亭长度相适应，依照车长及车次数量而定。停车上、下客区总长度一般应大于候车亭长度，一个停车上客区或下客区长度至少应在10m以上，通常上客区长度大于下客区长度，如图2.2所示。

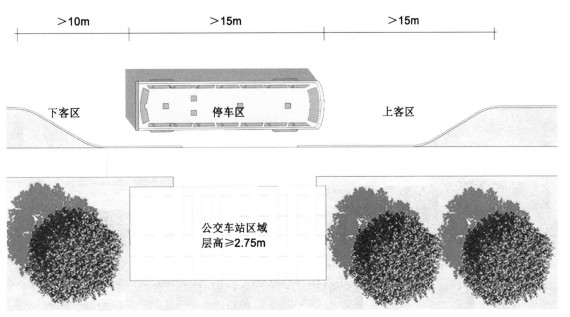

图 2.2 公交停靠站尺寸

公交车站的建设材料应符合国家有关规定，可承受较大外力冲击，不易变形，防污性能好，防腐蚀能力强，易清洗，耐日照；顶棚宜采用隔热性能好、防紫外线的材料；灯箱应方便拆卸和维修，且要有良好的防水性能；广告窗口宜采用不易老化变形、易清洁的材料，如钢化玻璃等。随着科技的不断进步与生态设计理念的不断深入，太阳能发电材料在公交站台的顶棚设计中也有所应用，一些公交站台还配有智能定位系统，方便乘客了解公交线路信息。如图 2.3 所示，生态概念公交车站（陈朔设计）的顶棚设有太阳能光伏电板，能够将太阳能转化成电能，满足公交车站日常用电需要。顶棚向后侧倾斜，由于重力因素，雨水自然后流滴入立面花槽灌溉植物，既有效利用了水资源，也减少了路面积水。立面设有模块化植物花槽，方便安装拆卸，可以根据季节搭配栽种各种植物。一方面，花槽随季节变换搭配，给原本沉闷单调的车站增添了活力和趣味；另一方面，由于公交候车亭竖立在路边，容易受到汽车尾气及灰尘的污染，植物墙面对城市街道的空气也具有一定的净化作用。候车亭内部设有智能公交线路查询设备，乘客只需要输入目的地，设备就能够给出最佳出行方案，方便乘客合理安排时间与计划路线。

【生态概念公交站设计】

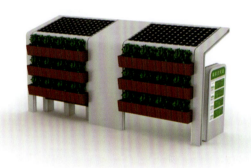

图 2.3　生态概念公交车站设计

【公交车站设计案例】

不同城市的公交车站形态各异。建筑风格对公交车站的设计有一定的影响，特别是对具有地域特色的建筑形式影响更加明显。现代化城市的公交车站造型设计往往以几何形态为主，充分利用材料的特性，体现出现代简约之美，如图 2.4 所示。

图 2.4　不同国家和地区的公交车站设计

图2.4 不同国家和地区的公交车站设计（续）

2.2.2 地铁站

根据《地铁设计规范》(GB 50157—2013)的定义，地铁是在城市中修建的快速、大运量、用电力牵引的轨道交通。地铁线路通常设在地下隧道内，也有在城市中心以外地区从地下转为设在地面或者高架桥面上。地铁站是地铁系统的重要组成部分，是乘客与地铁线路联系最为紧密的空间场所。同时，地铁运营中的技术设备及运营管理人员系统也都相应地设置在各个地铁站之中。地铁站的功能复杂，涉及设备及辅助设施较多，通常包括几大功能空间分区：出入口及通道、车站主体、通风道及风亭、其他附属建筑，其中车站主体又包括车站用房和乘客使用空间，如图2.5所示。

【2013地铁设计规范附条文】

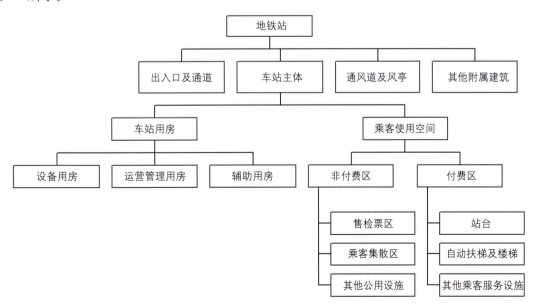

图2.5 地铁站主要功能空间和设施

地铁站根据空间位置、运营性质、结构横断面形式、站台形式等方面的不同，可以有不同的分类方式。

（1）按照地铁站与地面的相对位置分类，地铁站分为地下车站、高架车站、地面车站。地下车站通常由车站主体（站台、站厅、设备用房、辅助用房）、出入口及通道、地面附属建筑物3个部分组成。高架车站一般由车站主体建筑和出入口及通道组成。地面车站可以仅设车站和出入口。

（2）按照地铁站运营性质分类，地铁站分为中间站、换乘站、联运站、终点站等。中间站是最常见的车站类型，也称为一般站，通常包括站厅层和站台层两层空间，由出入口和过渡通道空间引导进入站厅层，再通过站厅层到达站台层。其中，站厅层由付费区和非付费区组成，主要职能是售票和检票；站台层主要包括站台区、轨道区、设备管理区。换乘站是位于两条及以上线路交点上的车站。随着地铁线路的逐渐增多并形成网络，在一个城市的线路系统中往往会出现多条相交的线路，很多情况下还会在一个站点出现多条线路的换乘。因此，换乘站可以实现换乘其他线路的需求并兼具一般站的功能。联运站是指车站内设有两种不同性质的列车线路进行联运及客流换乘。目前，国内许多修建地铁的城市都会运用到此种类型的车站，可以与公交车、长途汽车、高铁火车站等联通。终点站是设置在线路两端的车站。就列车上行、下行而言，终点站也是起点站，终点站设有可供列车全部折返的折返线和设备，也可供列车临时停留检修。图2.6所示为深圳某地铁站空间示意图。

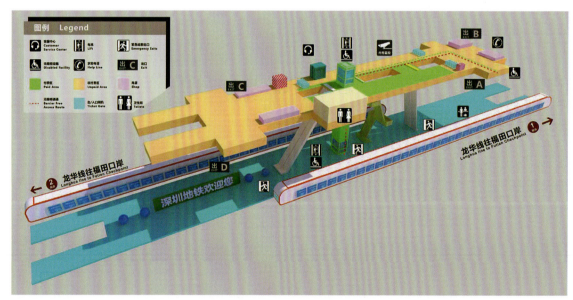

图2.6　深圳某地铁站空间示意图

（3）按照地铁站结构横断面形式分类，地铁站分为矩形断面车站、拱形断面车站、圆形断面车站，如图2.7所示。矩形断面是最常见的结构形式，依靠立柱支撑顶面，可设计成单跨、双跨或多跨。拱形断面中间拱起，空间中部高度较高，两侧较低，拱形跨度较大，中间无立柱，所以空间显得高大开阔。圆形断面车站顶面与墙面连为一体，墙面产生弧度，给乘客带来一定的视觉冲击力。

（4）按照地铁站站台形式分类，地铁站分为岛式车站、侧式车站、岛侧混合式车站。岛式车站和侧式车站如图2.8所示。岛式车站是指站台位于上、下行车线路之间，具有站台面积利用率高、可灵活调剂客流、乘客使用方便的优点；但是，当上、下行列车同时到达时，车站人流容易交错，产生混乱。侧式车站是指轨道在中央，而站台布置在左右两侧，其优点是站台被

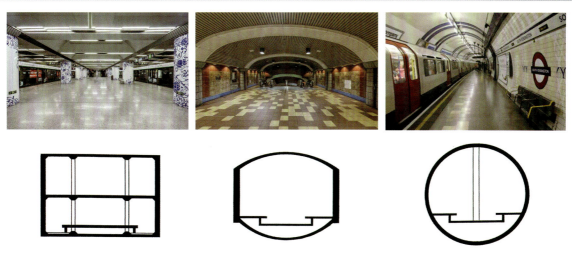

图2.7 地铁站结构断面常见形态

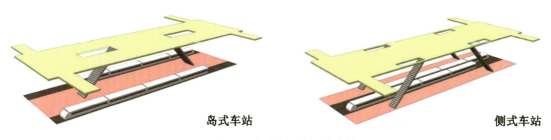

图2.8 岛式车站和侧式车站

轨道分割、方便客流疏散、站台面积不受轨道限制、方便扩建,所以常用于地面或高架车站;其缺点是乘客需要通过天桥或地下通道才能在两个站台之间往来。

岛侧混合式车站是指车站超过两个以上站台形成的车站。例如,广州地铁公园前站(图2.9)在地下二层和地下三层分别设有两个西班牙式站台,即由一个岛式站台及两个侧式

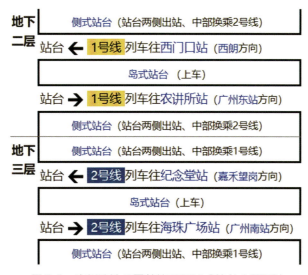

图2.9 广州地铁公园前站西班牙式站台布局设计

【莫斯科地铁空间中的艺术】

站台组成，侧式站台建于岛式站台两旁，中间以路轨分隔。乘客换乘或下车时，在侧式站台下车，依照站台上的指示进行换乘或出站，而岛式站台仅供乘客上车。这种设计在欧洲被称为西班牙式站台布局。

从地铁站的功能空间分区及分类上不难发现，乘客使用空间是车站的主体部分，在整体的车站建筑组成中占有十分重要的地位，也是室内空间装饰设计的重点。地铁站不仅仅是将拥挤的地下或地上通道作为单独的空间元素存在于城市之中，自身更是作为整个城市的空间节点与窗口，体现出具有浓郁地方特色的艺术化风格。地铁站通过雕塑、艺术墙面、灯光、吊顶、立柱等方面的装饰，给人们带来丰富的视觉体验，成为都市人们心中的舒适驿站。图2.10所示的是莫斯科地铁站空间设计，这些设计将艺术融入空间装饰之中，使整个地铁站宛若地下艺术宫殿一般。

图2.10 莫斯科地铁空间中的艺术处理

另外，地铁作为城市人口流动的重要集散地与商业的发展相吻合，所以以地铁线路为纽带、以地铁站为节点，可以带动城市的商业繁荣与经济发展。地铁空间通道墙面和立柱上的大型广告灯箱、地铁连廊内的小型店铺商业街，甚至是地铁枢纽周边形成的商业中心等，使地铁空间及其周边形成了浓厚的商业气息。如图2.11所示，南京地铁3号线武定门站3号出口规划的一期三层餐饮商业建筑，将地铁出入口的设计与商业建筑无缝衔接。

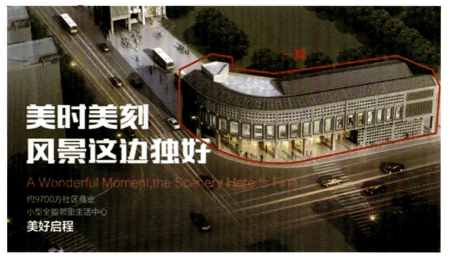

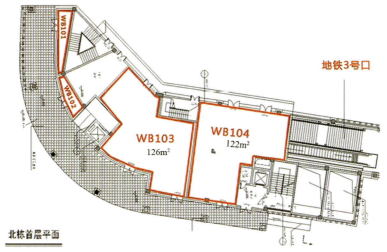

图 2.11　南京地铁武定门站 3 号口商业社区

2.2.3　汽车客运站

汽车客运站是道路旅客运输网络的节点,是道路运输经营者与旅客进行运输交易活动的场所,是为旅客提供站务服务的空间,也是道路运输市场的载体。其主要任务有 3 个:一是为旅客办理出行手续,如发售车票、行包托运;二是组织旅客有序候车,并做好检票验票工作;三是为暂时停留的旅客提供就餐、住宿、购物等便利服务。

根据我国交通行业标准《汽车客运站级别划分和建设要求》(JT 200—2004),汽车客运站根据年度平均日旅客发送量的不同,分为 5 个级别的等级站及简易车站和招呼站 7 种级别规模。汽车客运站的规模等级决定了车站用房面积、场地设施设备的配置、发车位数量、占地面积等情况,见表 2-1。

【汽车客运站级别划分和建设要求】

表 2-1 汽车客运站用房和设施配置表

设施名称				一级站	二级站	三级站	四级站	五级站
场地设施			站前广场	●	●	★	★	★
			停车场	●	●	●	●	●
			发车位	●	●	●	●	★
建筑设施	站房	站务用房	候车厅（室）	●	●	●	●	●
			重点旅客候车室（区）	●	●	★	—	—
			售票厅	●	●	★	★	★
			行包托运厅（处）	●	●	★	—	—
			综合服务处	●	●	★	★	—
			站务员室	●	●	●	●	●
			驾乘休息室	●	●	●	●	●
			调度室	●	●	●	★	—
			治安室	●	●	★	—	—
			广播室	●	●	★	—	—
			医疗救护室	★	★	★	★	★
			无障碍通道	●	●	●	●	●
			残疾人服务设施	●	●	●	●	●
			饮水室	●	★	★	★	★
			盥洗室和旅客厕所	●	●	●	●	●
			智能化系统用房	●	★	★	—	—
		办公用房	●	●	●	★	—
	辅助用房	生产辅助用房	汽车安全检验台	●	●	●	●	●
			汽车尾气测试室	★	★	—	—	—
			车辆清洁、清洗台	●	●	★	—	—
			汽车维修车间	★	★	—	—	—
			材料间	★	★	—	—	—
			配电室	●	●	—	—	—
			锅炉房	★	★	—	—	—
			门卫、传达室	★	★	★	★	★
		生活辅助用房	司乘公寓	★	★	★	★	★
			餐厅	★	★	★	★	★
			商店	★	★	★	★	★

注："●"——必备；"★"——视情况设置；"—"——不设。

从上表中可以看出，汽车客运站主要包括场地设施和建筑设施两部分。其中，场地设施主要是指停车场、发车位和站前广场；建筑设施主要包括站房和辅助用房，其中站房又分为候车厅（室）、站务员室、售票处、卫生间、办公用房等，辅助用房主要包括汽车安全检验台、配电室、洗车台等。由于汽车客运站人员密集，交通状况复杂，所以对空间流线的设计要求较高。空间功能分区要明确合理、交通流线简洁便利，避免站内主要功能流线的混杂交叉，根据站级明确其空间主要功能模块及旅客流线关系（图2.12）。为了方便旅客，汽车客运站通常采用"前站后场"总平面布局模式，即将站房布置在场地设施之前，例如丹东港口客运站的总体布局设计（图2.13）。

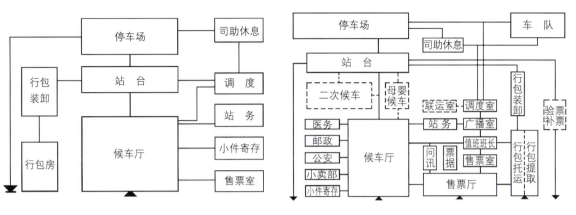

图2.12　不同等级站功能与旅客流线关系示意图

【丹东客运站设计】

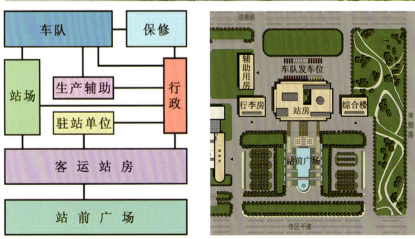

图2.13　丹东港口客运站总体布局设计

目前，汽车客运站建筑的空间构成模式正在朝着复合型立体化的方向发展，往往采用大跨度灵活型的空间构成，以框架结构体系运用居多，采用钢框架或钢筋混凝土框架作为承重构件，分隔空间的维护结构及隔墙不作为承重构件。这种结构方式解放了空间和围合界面，空间和造型处理具有很强的灵活性。

譬如说，在候车大厅空间中能够尽量减少承重结构对于室内空间的阻隔，使空间开阔通透；而站务及服务管理空间不需要像候车厅那样高大宽敞，所以在室内空间组织时，可以采用错层组织的形式，使空间得到充分有效的利用。在空间外立面设计上，大多采用通透轻盈的玻璃幕墙材质，从而利于通风和采光。如图 2.14 所示为西宁市海北州汽车客运站空间设计（陶元设计），建筑整体采用钢筋混凝土结构，一层为售票、候车空间，二层为行政办公及就餐空间。

【西宁市海北州汽车客运站设计】

图 2.14　西宁市海北州汽车客运站空间设计

2.2.4　火车站

火车站又称铁路车站，是从事铁路客、货运输业务和列车作业的处所。火车站按作业性质分为客运站、货运站、用来编组的编组站和客货功能兼备的客货运站四种。本书讨论的主要是客运站，火车客运站功能主要是从事客运业务、客车行车与整备作业。根据需要，客运站设置若干到发线、站台及客运站房，大型客运站还需配备检修和清洗列车等作业的整备场。自 21 世纪初期起，我国便开始了铁路既有线路提速改造又有客运高速专线的大规模建设。随着铁路运行速度的不断提升，一大批新型的高铁车站也在各个城市相继落成。相对于传统火车站而言，新型的高铁站建筑造型大多注重艺术美感和地域特色，内部候车环境有了很大的提升和改善，配套设施丰富齐全，候车大厅整洁干净、宽阔明亮。图 2.15 所示为我国西安、昆明、郑州、南京、南宁、广州六大城市的高铁车站设计，包括站房建筑鸟瞰图及车站建筑图片。

【中国主要城市高铁车站设计】

图 2.15　我国六大城市高铁车站设计

我们通过对国内一些典型的高铁车站的设计实例进行分析研究，总结出目前我国高铁车站设计的特点，如下所述：

（1）在空间组织上，大都采用"上进下出"的客流组织模式，一层为站台层，二层为候车大厅。通过进站天桥或高架环形车道，旅客可以直接进入候车大厅，改变了传统的封闭式候车室形式。候车大厅空间通常是一个具有两层层高的开放式共享空间，室内布局开放灵活，给人以高大通透的视觉体验，空间利用率高，营造出舒适宜人的候车环境。旅客通过相应的进站口，经过连廊、自动扶梯或无障碍电梯可下至一层站台乘车。对于出站旅客而言，通过站台层可直接出站，进入站前广场，方便地换乘地铁、公交、出租车等其他交通工具。这种空间组织形式实现了城市交通服务枢纽中心的设计目标，使旅客的进出站流线简单便捷。图2.16所示为昆明南站空间组织示意图。

【昆明南站高铁站设计】

图2.16　昆明南站空间组织示意图

【武汉火车站钢结构施工动画】

（2）在空间结构上，通常采用钢框架结构，以适应于大跨度空间的要求。例如，武汉站（图2.17）首层为铁路桥梁结构，上层则为大跨度空间流线型钢结构，主拱最大跨度为116m，高度为50m，最高点距离地面58m。站台区采用无站台柱雨棚设计，最大限度地给站台上的旅客留下活动空间，带来宽敞通透的视觉美观，可实现"等候式"及"通过式"相结合的进站模式，旅客可以在候车站厅俯瞰所有停靠在站台上的列车。建筑整体呈现出波浪形，九片重檐屋顶，寓意九省通衢，体现出武汉的地域特色。

图2.17　武汉站设计

（3）在造型风格上，多采用对称形式，作为大跨度建筑，其裸露的钢结构具有现代感和高技派的造型特征。在造型元素细节的设计上注重结合地域特色，并通过现代设计理念与设计手法，对造型元素进行提炼和组合，将其融入空间的设计中，从而体现城市形象，表达城市文化。车站室内空间的装饰风格受建筑本身造型与结构的影响，多以现代简约风格为主；同时，室内空间氛围的营造与装饰也体现出一定的地域特色，从而营造出表里如一、干净整洁、温馨舒适的空间感受。例如，银川站设计（图2.18）融入和体现了人文绿色理念，钢桁架为旅客创

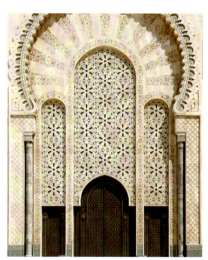

图2.18　银川站设计

造出通透宽畅的无柱空间，伊斯兰风格的顶部造型展现出浓郁的民族风情。在室内装饰设计上，整体延续的拱券结构屋顶浑然一体，具有伊斯兰风格的花窗设计也起到了装饰作用。

2.3 交通空间的基本特征

我们通过对公交车站、地铁站、汽车客运站、火车站这4种常见的交通空间特征进行逐一分析，可以总结出交通空间的基本特征。

（1）在空间功能上需要满足人性化与无障碍设计的要求。虽然不同的交通出行方式，空间的尺度大小和功能空间组成各不相同，但是空间的设置目的是一致的，即满足人们方便快捷的出行需要。所以，空间的交通流线组织是交通空间设计的首要任务，根据上下客或进出站乘客的行动路线合理地规划空间功能布局，通过走廊、过道、楼梯、电梯、门厅、过厅等交通空间要素将空间流线联系起来。另外，还需要特别关注一些弱势群体，设计专用的无障碍电梯、盲道、无障碍坡道等，方便弱势群体的出行需要，满足人性化和无障碍设计的要求。

（2）在空间形态上具有艺术化与地域化特征。交通空间属于城市的开放型公共空间，是城市形象展现的窗口，所以在空间造型上体现出艺术化与地域化相结合的特征。

（3）现代化科技对交通建筑空间设计的影响。随着社会的不断进步，科技将会融入交通空间中的方方面面，先进的空间构造技术、交通信息的智能化及环境设施的自动化等，都将会在交通空间设计中发挥不可替代的作用。

（4）综合化与商业化。各种公共交通复合组织是未来交通空间的发展趋势，同时交通空间作为人口流动的重要集散地，也将会融入更多的商业元素，从而带动城市经济的发展。

工作任务2　交通空间的艺术化与地域化特征分析

- 任务目的

加深对交通空间艺术化与地域化特征的理解，对自己家乡的公交车站、地铁站、客运站、火车站的造型设计分别进行分析，并通过图片加以说明哪些设计元素体现出艺术化和地域化的特征。

- 操作步骤

（1）收集家乡的公交车站、地铁站、客运站、火车站设计的资料。

（2）结合设计造型风格及地域特色分析空间造型特点，并收集相关的支撑图片与资料。

（3）在A3大小卡纸中对相关资料（图片、文字）进行排版，总结归纳。

- 作品评价

（1）案例收集是否完整，并具有代表性。

（2）交通空间造型元素分析是否准确完整。

（3）展板制作是否条理清晰，思路表达是否准确。

- 教学提示

鼓励学生能够结合生活体验去观察并思考身边的交通空间，为后续交通空间设计实践打下基础。

- 作品范例

作品范例为苏州公交车站造型设计，如图2.19所示。

苏州公交车站造型设计分析

苏州公交车站在造型元素细节的设计上注重结合地域特色，通过对苏州特色园林建筑元素进行提炼，延续了苏州城市肌理和文脉，营造出"苏而新"的特色，从而体现城市形象，表达城市文化。公交车站设施的设计，包括垃圾箱、路灯、公交信息牌等，受建筑本身造型的影响，其设计也体现出一定的地域特色，从而营造出表里如一的空间感受。粉墙黛瓦，层叠交错，使人联想到吴韵生活。

苏州公交车站1

苏州园林

苏州公交车站2

苏州公交车站3

苏州公交车站4

图 2.19　苏州公交车站造型设计

项目 3　交通空间中的元素

空间之所以产生不同形态的差异与风格，与空间造型元素是密不可分的。而空间的产生也离不开造型的限定，限定元素是空间形成的基本条件。交通功能元素（走廊、过道、楼梯、电梯、门厅、过厅等）的布局与运用是交通空间最主要的特征，合理地设置交通功能元素可以使空间的交通流线更加顺畅，使乘客能够方便快捷地出行，符合空间人性化设计的要求。因此，在本项目中，我们将会对交通空间的形态元素、限定元素及功能元素进行更加深入的探讨。

3.1　交通空间的形态元素

空间感的产生是从造型实体开始的，现代抽象主义艺术家康定斯基认为，点、线、面是造型艺术表现的最基本的语言和单位。当然，空间造型艺术也不例外，所以交通空间中的各种造型均可以看作是抽象化的点、线、面、体按照一定的造型规律所形成的特定的空间形态。

3.1.1　空间中的点

在室内空间中，相对于周围环境，足够小的形体都可以理解为抽象化的点，所以点具有相对性，并且点只有位置关系而没有大小、形态和方向性的差异。点在空间中无处不在，一盏灯、一盆花或一幅画，都可以看作是一个点。点的运用可以增加空间的层次感，活跃室内气氛。单一的点具有凝聚视线的效果，可以成为空间的视觉中心；多个点的秩序排列与组合，会产生节奏感与韵律感；多个点的无序排列则会产生复杂感或跳动感。例如，某候车大厅顶棚设计如图 3.1 所示。

【空间中的点】

图 3.1　空间中的点

3.1.2 空间中的线

点的移动形成线，线在视觉中可以表明长短、粗细、方向等概念。不同形态特征的线条给人以不同的视觉感受。直线具有男性的特征，刚直挺拔，力度感较强。曲线具有女性的特征，表现出一种弯曲运动感，显得柔软丰满、轻松幽雅。

直线又分为垂直线、水平线和斜线。垂直的线条意味着稳定与坚固，能表现一种与重力相均衡的状态，给人以向上、崇高和坚韧的感觉，使空间的伸展感增强，在低矮的空间中使用垂直线，可以营造空间增高的感觉；水平线使人觉得宁静和轻松，给人以稳定、舒缓、安静、平和的感觉，可以使空间更加开阔，在层高偏高的空间中使用水平线可以营造空间降低的感觉；斜线具有较强的方向性和强烈的动感特征，使空间产生速度感和上升感。

曲线分为几何曲线和自由曲线。几何曲线包括圆、椭圆和抛物线等规则型曲线，具有均衡、秩序和规整的特点；自由曲线是一种不规则的曲线，包括波浪线、螺旋线和水纹线等，富于变化和动感，具有自由、随意和优美的特点。在室内空间设计中，经常运用曲线来体现轻松、自由的空间效果；运用点状灯光的连续排列形成具有延伸感的线。家具边框或者墙面装饰线条等都是空间中的线，线性元素的运用可以使空间产生独特的韵律感。图 3.2 所示为某通道设计，通过交错的斜线、左侧墙面轮廓的自由曲线及过道扶手的平行线，使人产生丰富的视觉体验。

【空间中的线】

图 3.2 空间中的线

3.1.3 空间中的面

线的移动形成面，面属于二维形态。在空间中，其长度和宽度远大于厚度的都可以称作面。面在空间中可以起到阻隔视线、分隔空间的作用，主要包括墙面、隔断面、地面和顶面等。面具有形状、色彩、大小、高低、材质等属性。面的这些属性及其位置和组合方式的差异，构成了不同形态的空间分隔及空间形式。面有垂直面、水平面、斜面和曲面之分。不同形态的面给人以不同的心理感受：几何形态的面明确、简洁、庄严，给人以理性的秩序感；有机形态的面使人感觉有弹性、亲切、圆润、富有生命力；不规则形态的面使人感觉朴拙、原始，具有较强的个性。图 3.3～图 3.6 所示为地铁空间中不同形态的顶面设计。

图3.3 布拉格地铁站（平面）

图3.4 莫斯科地铁站（圆弧面）

图3.5 斯德哥尔摩地铁站（不规则面）

图3.6 青岛地铁站概念设计（有机曲面）

3.1.4 空间中的体

面的平移或线的旋转形成三维形式的体。体具有尺度、比例、凹凸、虚实等属性特点，所以可以产生充实感、空间感和体量感。室内空间中的实体厚重沉稳，而虚体相对轻快通透。体块可以通过切削、变形等手段衍生出各种造型，从而丰富视觉语言，满足各种空间的需要。边缘挺拔、交角锐利的体块可以体现出刚毅的性格；柔美而富于弹性的体块则表现出亲和舒缓的女性化特质。

　　同样的形体，其空间尺度大小不同时，给人的心理感受也是不同的。例如，美国辛辛那提当代艺术中心（扎哈·哈迪德设计，图3.7）的建筑外形及内部空间都充满了厚重的体块感，其空间设计概念为"拼图游戏"，设计者用这个词来形容空间里不同大小的混凝土体块复杂的布置方式。体块之间以各种方式互相穿插，构成楼梯和画廊，被看作是一个三维拼图。这种设计理念背后的逻辑却很简单：当代艺术可以有不同的形式，当代艺术画廊同样也需要富于变化。因此，体块有不同的长度、高度和光照条件，这是一种在现实生活中回应艺术的偶然性的建筑学解决方法。

【美国辛辛那提当代艺术中心设计介绍】

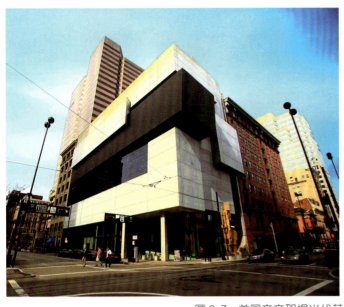

图 3.7　美国辛辛那提当代艺术中心

3.2　交通空间的限定元素

空间感的形成离不开形态元素的组合限定。具体来说，针对一个空间六面体，采用不同的形态元素，对空间中的不同面进行综合限定，可以形成不同的特定的空间。根据不同的限定位置，其可以分为水平限定、垂直限定和综合限定。

3.2.1　水平限定

空间的水平限定元素主要包括顶面（也称顶棚）和基面（也称楼面或地面）的限定。顶面可以限定出与其自身相对应的地面空间，所以顶面与地面的限定往往是相互呼应的。室内顶面的高低、形态的变化，可以产生出不同的空间感。顶面高度的确定一般依据空间性质、人体的尺度、空间大小及人流量等因素来确定。例如，我国《住宅设计规范》（GB 50096—2012）中规定，普通住宅层高宜为 2.80m，卧室、起居室的室内净高不应低于 2.40m。层高过低会使人产生压抑感，长期生活在过低层高的环境下将会影响人的心理健康。交通空间作为公用建筑，如机场航站楼、火车站、客运站等空间，由于其空间面积与人流量较大，所以层高相对于居住空间而言应该适当增高，如图 3.8 所示。

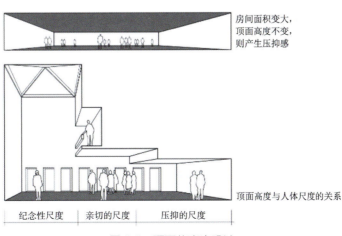

图 3.8　顶面的高度设计

在室内设计中，可以通过顶面的形态变化来界定不同的空间区域。顶面的变化形式主要有平顶、斜顶、穹顶、凹凸式吊顶等，如图3.9所示分别为上海火车站（平顶）、三亚火车站（斜顶）、汉口火车站（穹顶）及南京南火车站（凹凸式吊顶）的室内顶棚设计。另外，还可以通过配合悬挂灯饰，以及条格、金属、玻璃等顶面材质的变化来形成区域的限定。

图3.9　顶面的变化形式

基面也就是我们常说的地面或者楼面。基面本身的平坦与否、起伏状态、倾斜程度等能给人不同的空间感受。在通常情况下，室内空间的基面保持水平的状态给人稳定轻松之感，崎岖起伏的基面会使人缺乏稳定，产生兴奋感和趣味性。通过基面限定空间，主要有表皮、抬高、下沉3种方式。

（1）表皮。表皮是最常用的基面限定方式。在基面保持水平，不改变其凹凸起伏状态的情况下，通过改变局部基面的材质、颜色、质感、照明，来限定出其功能空间。表皮的空间限定方式对于区域的限定感较弱，人们行为上的可通过性并不受到任何影响，更多的是通过心理暗示来区分空间。如图3.10所示分别为两处临窗休息区的设计，其中左图在整个休息区域的基

图3.10　基面表皮限定

面设置了地毯，使整个休息区相对独立成为一个空间，与旁边的过道分离；而右图在各个休息小组的中间采用黑色瓷砖铺地，使每个小组感觉相对独立，但是与其旁边的过道并无明确的分区。即使是相同的空间功能、相似的室内家具陈设与空间装饰，如果采用不同的地面铺装，则会产生不同的限定效果。

（2）抬高。抬高是指在大的空间中，将基面局部抬起，从而限定出局部的小空间。这种做法在视觉上加强了该范围与周围地面空间的分离性，使抬高的区域受到关注。抬高基面与周围环境之间的视觉联系程度因抬高尺度的变化而不同。当抬高基面在人的视平线以下时（通常单层抬高的高度需小于17cm），可达性较好，人的行为不会产生较大影响，界定出空间的重要性，同时又不会让人觉得难以企及。如图3.11所示为某空间过道设计（青山周平设计），采用了富有曲线感的地台方式对空间进行分割，从而限定出不同的空间区域。

图3.11 基面抬高

当基面抬高到人的视平线高度左右时，需要经过多级台阶才能到达抬高的局部空间，可达性降低，但视线保持联系，居于抬起空间的人或者物成为视觉焦点，使人产生崇高感，或具有展示和表演性质，如舞台的设计。

（3）下沉。与抬高相反，下沉是将基面的某个区域下降，明确出空间范围。下沉空间往往具有收敛内向的特性，受周围干扰较小，会使人心理上感觉自如和放松。例如，一些家庭起居室中会把地面降低，沿周边布置沙发，使家的亲切感更强。在公共交通空间设计中，局部下沉也会给人带来保护感和宁静感，同时，随着视点的降低，空间也会感觉增大，如著名的纽约飞鸟车站设计（图3.12）。

【基面抬高与下沉】

【纽约飞鸟车站设计介绍】

图3.12 基面下沉（纽约飞鸟车站）

3.2.2 垂直限定

垂直限定元素是室内空间分隔和限定的基本方式，一般指室内空间的墙面及竖向隔断，还可以包括室内空间中的家具与陈设。由于其高低、长短、形态、倾向、材质、色彩等各不相同，所以形成了丰富多样的空间形式，是空间造型中最活跃、视觉感受最强的一个元素。垂直限定元素有以下6种常见的布局形式。

（1）设立。在重要的空间节点中，设置竖向的独立构筑物，使其形成视觉中心，在构筑物周边会产生一定的领域感，属于开敞式空间。在室内设计中，采取设置突出体量和高度的独立家具或围绕立柱所做的相关设计等，都可以产生设立的空间感。如图3.13所示，某休息区设计（何永明设计）采用树叶造型的沙发，配合树枝造型的落地灯，结合地面的地毯形态、顶面的吊顶造型与悬挂的装饰，产生出空间的限定感。

图3.13 设立限定

【设立限定空间】

（2）独立垂直面。独立垂直面的限定效果与人的视线高度有关，高度越高，围合感越强。另外，其表面的色彩、质感、划分形式等也对视觉效果和空间感有重要的影响。透空的高柜、书架等是一种比较常见的独立垂直面分割手段。另外，屏风、帷幔、玻璃幕墙等垂直分割面，既具有装饰性又可以灵活地改变空间的开合度。如图3.14所示，某室内空间（刘杰设计）采用悬挂的木条作为隔断，体现出自然的风格。

【独立垂直面空间限定】

图3.14 独立垂直面限定

（3）"L"形垂直面。"L"形垂直面是由转角限定的一个由对角线向外的空间区域，围和感的强弱与围合边界的长短及高度相关，围合边界越长，高度越高，则空间封闭度越强；反之亦然。如图3.15所示为某儿童阅读空间（一野设计），通过墙角书架的设计并配合圆弧形的吊顶和地台限定，划分出了一个小小的阅读角。

【"L"形垂直面空间限定】

图3.15 "L"形垂直面限定

（4）夹持的垂直面。夹持的垂直面是指两个垂直面相互平行，呈夹持形态，这种空间具有较强的导向性和方向感，属于外向型空间。在交通空间中，走廊、过道、楼梯等常作为夹持的垂直面出现，如何丰富这种平行空间成为设计的关注点。在过道或者走廊的尽端设计目的物或吸引人的内容时，线性空间的中部也会变得充满期待。另外，可以通过改变夹持面本身的造型，打破长向空间的单调感。在这种空间类型中，家具与陈设通常会采用单边线性的方式布置。如图3.16所示，日本福冈县星巴克咖啡店（隈研吾设计）为一个两端开放的过道空间，采用木条对空间进行装饰，打破了空间的单调感。

【夹持面空间限定】

图3.16 夹持的垂直面限定

（5）"U"形垂直面。"U"形垂直面限定的空间内含一个向内的焦点，空间本身具有吸纳感，开敞面具有向外性，增加了空间的渗透感。在室内设计中，一些小型商业店面（门面房）的设计属于"U"形空间，室内陈设多采用周边环绕式，沿墙面围合布置展柜，留出中间的空间，如图3.17所示。

（6）四面垂直。四面垂直构成最完整的内向型封闭空间，是限定感最强的空间，具有较强的静止感和封闭感，垂直面上的开口可以增强空间的外部联系。小型的四面围合式空间中，家

【"U"形垂直面空间限定】

图3.17 "U"形垂直面限定

具陈设会采用中岛式布局，从而突出中间区域。在交通空间等公共空间设计中，可以通过使用玻璃、珠帘等材质或者降低围合面的高度等形式，形成四面围合限定的同时减弱空间的封闭感和限定感。如图3.18所示，韩国金浦国际机场问询处设计采用四面围合的吧台进行隔断，与吊顶灯光照明相呼应，形成完全封闭的独立空间，同时方便为四面八方的旅客提供咨询服务。

【四面垂直限定】

图3.18 四面垂直限定

3.2.3 综合限定

空间的限定元素是构成空间形态不可或缺的元素。通过对常见的水平限定和垂直限定布局形式的分析不难发现，空间的限定元素并不是单一的，而是复杂多变的。需要通过对顶棚、地面、墙面、隔断、家具、灯具、装饰构建等方面进行组合，使其色彩、材质、造型及通透性等互相搭配，共同营造出层次丰富的空间限定感。如图3.19所示，通过吊顶、灯带、半圆形隔断、不同的地面表皮材质及家具与灯具的布置，打造出一个休闲空间（韩文强设计）。

图 3.19 室内空间的综合限定

【综合限定案例赏析】

3.3 交通空间的功能元素

交通功能元素（走廊、过道、楼梯、电梯、门厅、过厅等）是交通空间中最主要的特征，合理设置这些功能元素可以使空间的交通流线更加顺畅，使乘客能够方便快捷地出行，符合空间人性化设计的要求。交通功能元素并不是功能空间的剩余领域，而是一种积极的空间元素，自身往往有明确的目的和组织原则，对交通空间的秩序感、适用性和经济性有重要影响。

3.3.1 水平交通功能元素

水平交通功能元素主要是指走廊和过道，其设计的重点包括宽度、长度及采光通风。专供通行的过道的宽度按照通行的人流股数估算确定：单股人流 500～600mm；两股人流 1100～1200mm；三股人流不小于 1500mm。另外，还要考虑到走道中的附属功能的设置，如墙面灯箱广告、设置休息座椅、绿植、自动售票机、自助售货机等公共设施，因此需要适当增加过道的宽度。在考虑过道宽度时，还应当具体分析人流的性质，如火车站的人流大多携带大件行李，所以其单股人流宽度要大于普通过道的宽度。长度的设计应当根据建筑性质、耐火等级、防火规范及视觉艺术等方面的要求确定。例如，根据《建筑设计防火规范》（GB 50016—2014）要求，最远房间的门中线到安全出口或楼梯间的距离控制在安全距离（30m）内，所以通道不宜过长。通道内应尽量采用自然通风及采光，但是当条件不能满足需要时，例如地下的地铁站通道，则需要完全依靠人工照明进行采光，以及通风设施实现地下空气的流通。地铁站的光源基本上控制在 3500～4300K，强调简洁明快的照明效果。另外，还可以通过色彩及对空间界面的装饰来改善地下空间的封闭感和压抑感。如图 3.20 所示，瑞典斯德哥尔摩地铁站中的水平交通空间设计中对地铁通道进行艺术化的装饰，被誉为"世界最长的地下艺术长廊"。

【瑞典斯德哥尔摩地铁站】

图 3.20　瑞典斯德哥尔摩地铁站中的水平交通空间设计

3.3.2　垂直交通功能元素

垂直交通功能元素主要包括楼梯、坡道、电梯、自动扶梯等。楼梯设计的重点主要是考虑其位置、数量及其形式。楼梯按使用功能分为主要楼梯（联系建筑的主要使用空间，供主要人流交通疏散使用）、辅助楼梯（次要使用空间的联系或疏散要求设置的楼梯）、消防楼梯（为紧急疏散设置的楼梯）。通常，在主要出入口处设置一个位置明显的主楼梯；在次要出入口处，或者空间的转折处和交接处设置次要楼梯以供分散人流；在大空间附近通常考虑增设楼梯，楼梯位置在空间中宜均匀布置。在交通空间中，为了方便人群的流动，大多采用自动扶梯和楼梯并行的形式，如南京南站火车站的楼梯设计（图 3.21）。另外，为了满足无障碍设计的需要，还应配备无障碍电梯。

【南京南站火车站设计】

图 3.21　南京南站火车站楼梯设计

室内楼梯台阶踏步宽通常在260~300mm，踏步高130~150mm；室外台阶步宽不小于350mm，高宽比不大于1∶2.5；当台阶踏步数量少于两阶时，通常宜设置坡道。与楼梯和台阶相比，坡道的坡度平缓，疏散能力更强，但占用的面积更大，通常为楼梯的4倍，当空间有限时，会采取回转坡道的形式。作为交通性质的公共建筑，通常在人流疏散集中的地方设置坡道，在主要的出入口、无障碍电梯口也会设置坡道作为无障碍通道。坡道作为无障碍通道两边需设置扶手或栏杆，路面也需要做防滑处理，如图3.22所示。

图3.22　交通空间中的无障碍坡道设计

3.3.3　交通枢纽功能元素

考虑交通空间中人流的集散、方向的转换、空间的过渡，以及走廊、楼梯等交通功能元素的衔接问题，需要设置出入口、门厅、过厅、候车厅等空间形式，起到人流集散及空间过渡的作用。

交通空间的出入口是室内外交通的要冲。从功能上讲，出入口的位置与所进入的空间形式之间的关系决定了空间动线的形状及空间中的行为模式；从造型艺术上讲，出入口地带是室内空间和室外空间的衔接中介，所以其造型风格要与室内外空间装饰风格相协调。交通空间由于人流量较大，出入口设计较为突出，往往开门较大，出入口外部通常联系着较为开阔的空地或者广场，内部则多为门厅，以防止人员的拥堵。出入口通常设置在交通动线的节点或关键部位，在总平面布置上应当位置适中，尽量避免出现某一支端交通路线过长的情况。出入口造型形式分为平式、凸式、凹式3种，其造型风格应与建筑的整体风格相吻合，如图3.23所示。

图 3.23　车站不同形式出入口设计

　　门厅是进入交通建筑的第一个空间，也是一个非常重要的空间。它处于建筑的主要出入口处，具有接纳人流和分散人流的作用。同时，门厅空间是反映建筑艺术和性格的第一印象空间，在整个空间设计中起着重要的作用，需要建立良好的空间尺度感。根据空间的整体规模体量，小型的汽车客运站等空间可以是单层的，但是大型的火车站、机场等交通空间的门厅则更多地采用多层甚至是共享空间。

　　进行交通组织和分流是门厅最重要的功能，所以门厅需要设计明确的导向，除了考虑平面交通流线之外，垂直方向的集散和动线方向的转换往往也要组合在门厅中。在交通空间中，门厅还被赋予了一些更多的功能，如安检、验票、问讯服务等，使得门厅成为具有更多实用功能的交通活动的重要场所。

　　过厅起着联系两个重要空间的作用，通常其宽度大于过道，从空间功能上讲，更加多元化，不只是单纯的专供通行；从空间装饰上讲，也更加丰富，具有提升空间形象的作用。

　　候车厅是旅客站内活动的中心，一般位于过厅和进站口之间，是一个为旅客在进站乘车前提供休息等候的区域。同时，候车厅也具有缓解人流压力和疏散人群的功能。以火车站为例，通常候车厅根据不同的进站口，分为若干个小的候车区域，方便人群的分流。为了满足人性化设计的需要，有的车站还会增设母婴候车区。候车区内主要设置公共座椅，其排列方向应有利于旅客通向进站口，每排座椅数量不应大于 20 座，两端还应设置不小于 1.5m 的通道。为了使候车厅内的候车环境更加温馨舒适，候车厅内还应设置公共通信、饮水机、卫生间、垃圾箱等公共服务设施。

　　候车厅空间内部应符合采光、通风和卫生要求。如果利用自然采光，窗地比不应小于 1/7。候车厅空间净高不宜小于 3.6m，从而满足通风的需要。由于候车厅内人数众多，所以室内空间还应该增加一些吸声减噪措施。随着我国建筑结构技术的进步及大空间结构体系的广泛应用，新建的火车站、客运站等交通空间大多建造宽敞明亮的大空间候车厅，如图 3.24 所示。

图 3.24　高铁火车站候车厅设计

工作任务 3　地铁出入口设计实践

■　任务目的

加深对交通空间的形态元素、限定元素及功能元素的理解，以地铁出入口为设计对象，进行设计实践。

■　操作步骤

（1）学习了解地铁站出入口相关背景知识。

（2）结合设计造型风格或地域特色形态元素等，同时考虑地铁出入口的空间限定形式，进行地铁出入口的造型设计创意，并绘制设计草图方案。

（3）充分满足地铁出入口功能设计的需要，绘制 CAD 尺寸平面图与立面图，并合理地配置自动扶梯与楼梯等功能元素模块。

（4）运用三维建模软件进行设计表现并渲染设计效果图。

（5）在 A3 大小卡纸中对设计方案进行排版，总结归纳与展示。

【地铁出入口设计】

【楼梯与自动扶梯模型】

■　作品评价

（1）设计造型是否具有创意并赋予美感。

（2）空间尺度与功能元素布局是否合理。

（3）设计表现技法是否娴熟，能够较好地体现设计方案。

（4）展板制作是否条理清晰美观，设计思路表达是否准确。

■　教学提示

引导学生能够将理论学习与设计实践相结合，通过设计实践去体会交通空间中的形态元素、限定元素及功能元素的组合与应用，为后续交通空间设计实践打下基础。

■　作品范例

作品范例为南京地铁花神庙站、鼓楼站、河定桥站出入口设计方案图和香港地铁尖沙咀站出入口设计方案图，如图 3.25～图 3.28 所示。

图3.25 南京地铁花神庙站出入口设计方案图（周婷设计，陈朔指导）

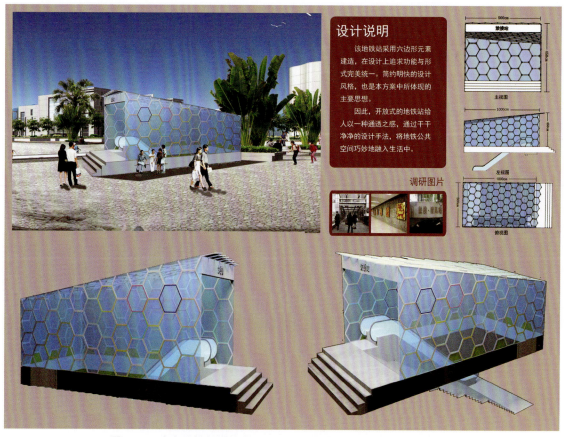

图3.26 南京地铁鼓楼站出入口设计方案图（孙畅设计，陈朔指导）

实物模型

设计草图

CAD图

设计说明

以"自然"为主题，通过木材、玻璃、钢架等自然材质来凸显它的环保理念；并以线为基本形态元素，组成三角形图案使整体造型刚直、挺拔、饱满；镂空和隔断的形式让整体空间赋予光影的变化，内外空间虚实结合。

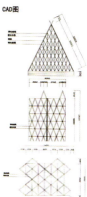

图3.27　南京地铁河定桥站出入口设计方案图（王旭程设计，陈朔指导）

手绘草图

实物模型

设计说明

以黑、白、灰为主要色调，将点、线、面的设计元素进行有机组合，侧面采用不规则的线性元素，对面的墙上采用大小不一的点状元素镂空，墙面采用玻璃材质，顶面则采用交错的斜面，共同构成了一个充满个性和现代感的地铁出入口空间。

CAD图

正视图　　俯视图　　侧视图

图3.28　香港地铁尖沙咀站出入口设计方案图（赵梦芊设计，陈朔指导）

项目 4　交通空间的结构与组织

交通空间构建的主要功能就是要方便快捷地疏散引导乘客。所以，室内空间结构是空间构建的本质意义，通过空间结构可以确定空间单元，形成功能分区与交通组织流线。通过一定的空间组织规律来实现空间结构的合理构建，特别是针对交通空间类型，核心问题就是合理地进行空间的流线组织。本项目将引导学生从空间的结构与组织入手，运用空间的组织规律进行空间的平面布局设计实践。

4.1　交通空间的结构与组织形式

空间的结构是指空间内部的梁、柱、墙面、顶面、地面的组合关系，是建筑本身所赋予空间的基本秩序，是空间分割的基本形式。为了满足交通空间类型的功能需要，室内设计师往往会对空间的基本结构进行重新审视，根据空间组织的基本结构形式与方法，绘制室内平面布置图，必要时在不影响建筑安全的情况下还会对建筑结构进行局部的改动，使空间的利用更加合理，从而满足人们的空间体验。下面将交通空间的结构与组织形式分为几种情况来分别进行讨论。

4.1.1　邻接结构

邻接是空间关系中最常见的形式。各个空间之间的邻接结构又可以分为相离和接触两种形式。

1. 相离

相离是指两个空间单元互相分离，需要通过一个过渡空间将其连接起来，从而使空间产生连续性。一般情况下，过渡空间的面积小于它所连接的空间，强调自身的交通联系作用，具有一定的开放性和共享性，而互为分离的空间单元具有一定的独立性。如图 4.1 所示，某门厅空间设计（钟行建设计）通过中间的过道，联系起相对独立的接待前台和等待休息区。

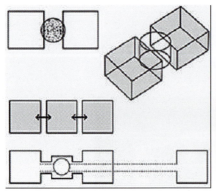 

图 4.1　空间的相离

2. 接触

接触是指两个空间单元相遇，但不重叠。空间之间的连续程度取决于接触的性质：两个空间共享一个公共墙面，仅靠开口通过，空间相对独立；两个空间共享屋顶或地面，由隔断分割，空间联系度较高；两个空间由结构柱分割，空间渗透关系强；两个空间拼合，仅通过表皮限定，空间共享性最强。如图4.2所示，某空间（刘杰设计）接待前厅与展示区采取接触形式进行空间组织，用铜质镂空隔断分割，使两个空间共享屋顶和地面，具有很强的联系度。

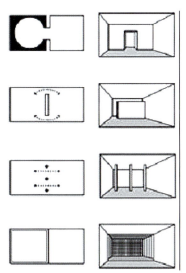

图4.2 空间的接触

4.1.2 重叠结构

重叠是指两个空间单元的一部分区域重叠，形成原有空间的一部分或一个新的空间形式。空间单元的形状和完整度因重叠部位而产生变化：重叠部位为两部分共享时，空间单元的形状和完整度不变；当重叠部位与其中一个空间合并时，就使另一个空间单元形状不完整；当重叠部分形成一个新的空间时，就成为两个空间的连接，则两个空间单元的形状都发生变化。如图4.3所示，某空间（韩文强设计）区域3为等候休息大厅，区域4为包间区，两者之间过

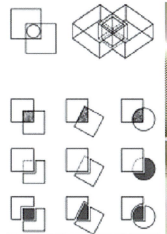

图4.3 空间的重叠

道狭窄，空间功能有所重叠，有些时候甚至完全融合成一个大的空间，可以举办沙龙等活动，从而产生新的空间功能。

4.1.3 包容结构

包容是指大的空间单元完全包容另一个小的空间单元。大空间与小空间的尺度大小对比越强烈，包容感就越强，大小空间的剩余空间具有一定的动态感；当大空间与小空间的形状不同时，则会产生强烈的对比，具有空间强调的作用。如图4.4所示，某休息区空间设计（于强设计）将一个大的休息区分割成若干个小的区域，设计师通过在大空间中放置小型的橡木装置比拟"梦境凉亭"，使空间具有强烈的包容感，使人感觉温馨别致，错落有致的排列也让空间多了几分生气。

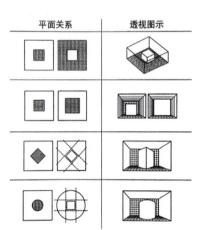

图4.4 空间的包容

4.1.4 串联结构

一系列的空间单元按照一定的方向排列相接，便构成了串联式的空间序列结构。一般通过路径将不同功能和形态的空间单元进行串联，使其具有均衡的布局特征，通过路径加强空间的联系感和有机感。如图4.5所示为某餐饮空间设计（厦门方式设计机构设计），总平面呈现"L"形，沿空间两边墙面分别布置了四人就餐区域及多人包间区域，中间通过"L"形过道将各个就餐区域串联起来。

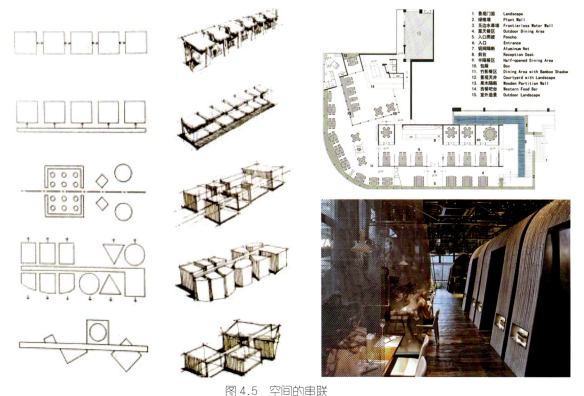

图 4.5 空间的串联

4.1.5 放射结构

放射是指各个空间单元围绕放射状的中心枢纽区进行组合的空间结构形式。放射结构的核心是一个位于中心的主导空间，在视觉上占主导地位，其作为空间的中心和亮点，一般作为空间的形象出现，同时具有交通枢纽的作用。如图 4.6 所示为南京地铁新街口站的交通枢纽设计。新街口站是南京地铁 1 号线和 2 号线的换乘车站，为地下三层岛式车站，通过中心的圆形空间，引导出 10 条通道，分别通向地铁站台、地面出口和新街口地区的多家大型商场的地下层，构成一个庞大的地下交通商业系统。

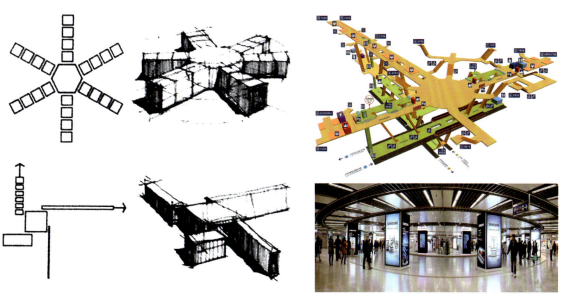

图 4.6 空间的放射

4.1.6 序列结构

序列结构是指通过对空间单元之间的相互比较，将各个空间元素之间按照某种顺序关系进行排列的形式。空间单元之间的先后顺序往往非常重要，是将空间单元在时间上的顺序组织表现在空间流线组织上的先后位序。例如客运站空间的设计，通常是按照乘客的乘车过程安排主要的空间布局及先后次序，包括售票厅（售票、取票）——进站厅（安检、咨询服务）——行李托运处——候车厅——进站台，然后综合考虑工作人员的活动情况及车辆的进出站流线，合理地布局工作区域及其他辅助性区域。图4.7所示为重庆某客运站一层平面布置图及交通流线分析。

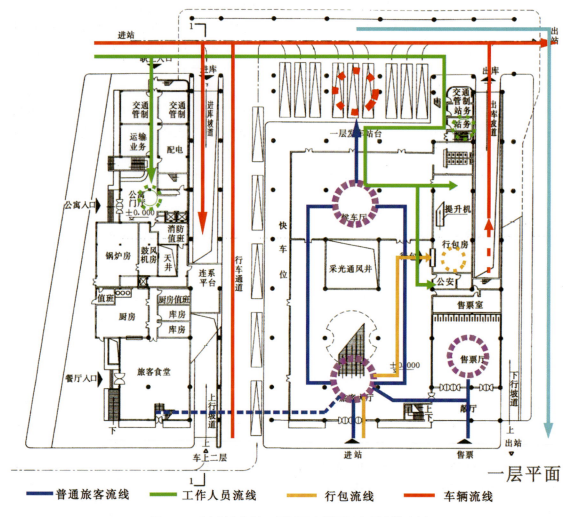

图4.7　重庆某客运站一层平面布置图及交通流线分析

4.2　交通空间的结构与组织方法

合理地进行空间的结构与组织设计是空间设计的关键，也是评价交通空间设计优劣和成败的主要因素。好的空间结构组织应该在避免人流交叉混杂的情况下，力求做到交通线路的短捷顺畅，同时使空间面积得到充分有效的利用。

通过上一节的学习我们不难发现，一个大的空间中往往会包含多个空间单元，而且各个空间单元之间的组织形式也不单一。一般会以一到两种组织形式为主（串联结构、放射结构、序列结构），将空间主要功能区进行整体布置，然后考虑相邻两个空间之间的组织关系（邻接结构、重叠结构、包容结构），明确各个空间功能，这样就能够化繁为简，由粗到细地将各个空间单元进行有序的组织，按照设计流程科学合理地进行空间的组织，即平面布置图的规划与设计。

4.2.1 功能分区

功能分区是将各个空间按照不同的功能要求进行分类，并根据它们之间的密切程度加以划分与联系，使分区明确的同时又能方便联系。通常可以将空间的功能分为四大类：使用功能区、管理功能区、后勤功能区和交通功能区。

使用功能区是空间的核心功能区，如文化建筑中的阅览室、展览馆中的陈列室、餐饮空间中的就餐区、火车站中的候车室等；管理功能区主要包括行政管理用房、咨询服务区等；后勤功能区主要有厨房、洗衣房，以及设备用房（锅炉房、通风机房等）和库房、车库等附属用房；交通功能区主要指走廊、过道、楼梯、电梯、门厅等交通功能元素区域。

一般来说，使用功能区处在平面图中条件最好、面积最大的区域，接近主要出入口；管理功能区一般靠近使用功能区并适当隐蔽；后勤功能区则接近次要出入口，有时管理功能区可与后勤功能区靠近，要根据具体问题具体分析；需要注意的是，交通功能区并不是使用空间的剩余领域，特别是在交通建筑空间中，交通功能区是一种积极的空间，有明确的目的和组织原则，交通功能区的设计对于室内空间的秩序感、适用性和经济性有重要的影响。

在方案初步布置功能分区时，设计师经常使用气泡图来辅助设计，首先把空间中的一系列单一空间罗列出来，并分析各个空间之间的联系，然后将每个气泡当成一个功能分区，最后根据流线关系将各个功能分区串联在一起，使空间内部关系清晰直观地表达出来。

下面以2018年国家一级注册建筑师考试建筑方案设计题目为例进行介绍。

任务描述：南方某市城郊拟建设一座总建筑面积6200㎡的两层公交客运枢纽站，一层面积3500㎡，二层面积2700㎡。该车站应接驳已建成的高架轻轨站和公交换乘停车楼。

用地条件：基地地势平坦，西侧为城市主干道辅路和轻轨站，东侧为停车楼和城市次干道，南侧为城市次干道和住宅区，北侧为城市次干道和商业区。

设计总体要求：在用地红线范围内布置客运站站房、基地各出入口、广场、道路、停车场和绿地，合理组织人流、车流，各流线互不干扰，方便换乘与集散。

设计具体要求：①基地南部布置大客车运营停车场，设出入口各1个；布置到达车位1个，发车车位3个及连接站房的站台；另设过夜车位8个，学习车位1个。②基地北部布置小型汽车停车场，设出入口各1个；布置车位40个（包括两个无障碍车位）及接送旅客的站台。③基地西部布置面积约2500㎡的人行广场（含面积不小于300㎡的非机动车停车场）。④基地内布置内部专用小型汽车停车场一处，布置小型汽车车位6个，快餐厅专用小型货车车位1个，可经北部小型汽车出入口进出。⑤客运站东西两侧通过二层接驳廊道分别与轻轨站与停车楼相连。⑥在建筑控制线内布置客运站站房建筑（雨棚、台阶允许突出建筑控制线）。

根据任务描述与设计具体要求，首先对题目中限定的场地总平面进行分析，并用气泡图的形式进行记录，如图4.8所示。然后根据周边环境，针对中间的黄色区域所表示的客运站站房空间进行具体分析，客运站站房主要包括换乘区、候车区、站务用房区和出站区4个部分组成，分为两层，上下两层面积差为800㎡，各个空间区域要求相对独立，空间流线清晰。换乘区应该布置在北面，靠近小型汽车停车场与人行广场，并在北侧设置接送旅客站台，由于二层东西两侧接驳廊道分别与轻轨站与停车楼相连，所以可以确定一二两层北面均为换乘区域，从而连接东西两侧；东侧布置有内部专用小型汽车停车场，所以站务用房宜靠近东侧；西侧靠近人行广场，宜作为出站区；中部空间可以作为候车大厅，采用大空间挑高式结构，满足一二层之间的面积差。根据分析绘制出主要功能关系气泡图（图4.9），并对其进一步深化，通过不同的大小表现出空间之间的面积大小与主次关系，再理清出入口位置与各个空间之间的交通流线，将气泡图标准化（图4.10）。

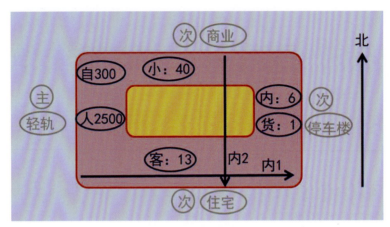

图4.8　某公交客运枢纽站空间场地总平面分析图

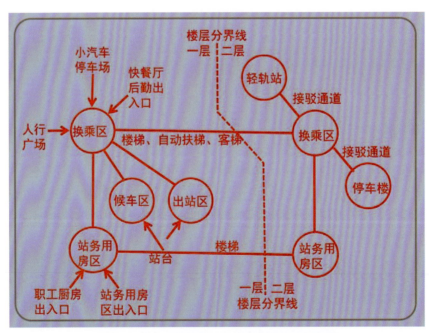

图4.9　某公交客运枢纽站站房空间平面气泡图

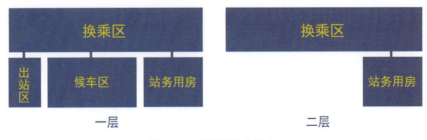

图4.10　气泡图的标准化

在分析各功能空间之间的关系，寻求合理的空间布局时，主要从以下几个方面来入手：

(1) 空间的主与次。根据空间性质，明确空间的主要使用功能，从而确定主要和次要空间的面积需求。

(2) 空间的朝向。一般空间以南北通透为宜，但是也有东西朝向或者西南、东南等朝向，通常主要空间会安排在采光通风较好的朝向，而次要空间会安排在较差的朝向。主要的使用功能区一般以朝南为宜，但是对于某些要求光线均匀的房间，如绘图室、实验室、药房、手术室、陈列室等则要求朝北。一般将不要求朝向的楼梯，厕所等空间安排朝北或朝西，所有空间应尽量避免出现暗房。图 4.11 显示了空间各个朝向的优劣。

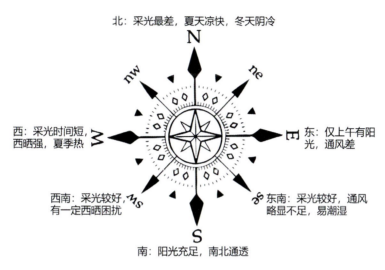

图 4.11　空间朝向优劣

(3) 空间的动与静。按各组成空间在"动"与"静"方面所反映的功能特性进行分区，使其既能分隔，互不干扰，又有适当的联系。如图 4.12 所示为某书店空间的动静关系分析，其通过门厅接待空间将动静空间进行连接。

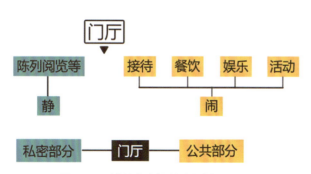

图 4.12　某书店空间的动静关系分析

(4) 空间的内与外。在进行功能分区时，应具体分析空间的内外关系，将对外性较强的空间，尽量布置在出入口等交通枢纽的附近，对内敛性较强的空间，力争布置在比较隐蔽的部位。如图 4.13 所示为某客运站空间的内外关系分析。

一个好的功能分区应该是空间明确的，能够合理安排各种功能空间的区域划分（如洁污、动静、私密、开放等），妥善安排辅助用房（卫生间、盥洗室等）的布局与设计，形成良好的空间物理环境（通风、采光、朝向）。

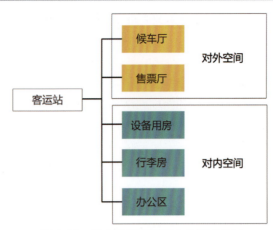

图 4.13　某客运站空间的内外关系分析

4.2.2　交通流线的组织

交通流线的组织是对平面功能分区的进一步细化，是交通功能区设计的关键。交通流线的组成包括人流、货流等，其组织原则是要求流线明确，尽量避免交叉和相互干扰。以交通建筑内部的交通流线为例，按使用性质可将其分为以下几种类型：

（1）公共人流线。公共人流线是空间主要使用者的交通流线，如车站中的旅客流线等。公共人流线按照其流线的动向，可以分为进入人流线和外出人流线两种。如图 4.14 所示为某客运站的进站流线与出站流线设计。

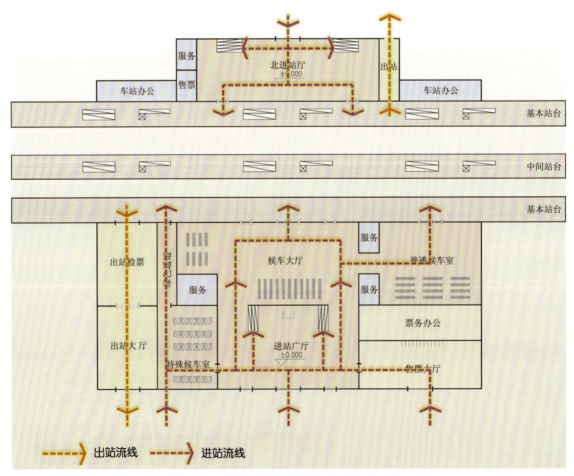

图 4.14　某客运站的进站流线与出站流线设计

（2）内部使用流线。内部使用流线是内部管理工作人员的服务交通路线，如车站管理办公人员、乘务员等工作人员流线。

（3）辅助供应交通流线。辅助供应交通流线是指车站机场中的行包流线等。

交通流线的组织以人的活动路线和活动规律为依据，满足使用者在生理上和心理上的合理要求，把主要人流路线作为设计与组合空间的主导线，并根据这一主导线把各个部分设计构成一连串有机结合的空间序列。对于人流量较大的交通建筑空间，一般有各类旅客人流和车站工作人员等其他人流，显然应该以广大旅客进出站的人流为主要人流，并以它为设计的主导线。如图 4.15 所示为武汉火车站的概念设计方案（上海现代建筑设计集团有限公司设计），该方案在空间的交通流线组织中，将旅客人流细分成了进站客流、乘车离开客流、中转客流、到达客流等。客流采用"上进下出，中间月台"的方式组织，不同的层面对应不同的功能。出发的旅客从底层大厅四个入口或地铁层电梯进入，从前后两个主楼梯直接来到三层候车厅休息等候，再从候车厅到二层月台上车出发。广场上出发的旅客也可以直接通过人行天桥到达三楼候车厅等候。到达的旅客可在二层月台层通过楼梯及电梯来到夹层，出站后直接到达紧靠出入口的各停车场，选择合适的交通工具快捷地离开。中转的旅客可通过楼梯来到三楼等候和休息，再从候车厅到二层月台上车出发。

【武汉火车站概念设计交通流线组织】

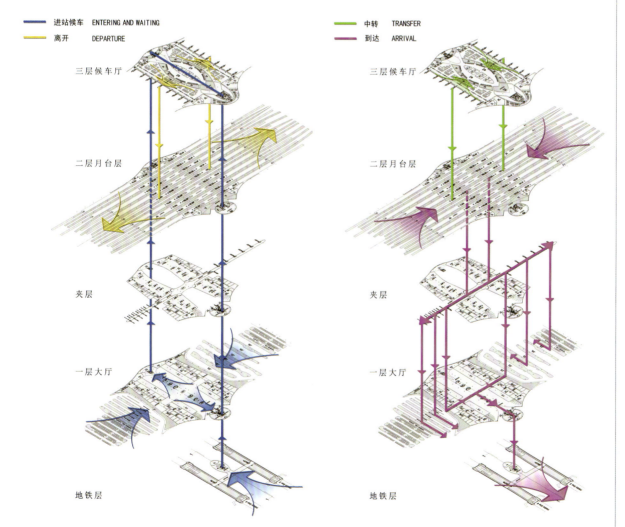

图 4.15　武汉火车站概念设计交通流线的组织

工作任务 4　交通空间平面图测绘与交通流线分析

■　任务目的

加深对交通空间结构与组织的理解，学生以小组为单位选取当地的汽车客运站或地铁站进行实地考察与测绘，注意观察并测量记录车站空间的结构与组织形式，根据测绘结果绘制车站平面布置图，并分析其功能分区与交通组织流线。

■　操作步骤

（1）对某车站进行实地考察与测绘，观察、测量、记录、拍照。
（2）结合实地调研记录与测绘数据，采用 Auto CAD 软件绘制车站平面图。
（3）分析其功能分区与交通流线组织，并绘制功能分区图与交通流线图。

■　作品评价

（1）实地调研记录详细认真，调研内容完整。
（2）车站平面图绘制清晰准确，尺度合理，符合制图规范。
（3）对于空间的结构与组织理解深刻，功能分区图与交通流线图绘制准确完整。

■　教学提示

鼓励学生走出校园，对身边的车站进行实际的观察、测量与分析，并通过平面图的绘制表达自己的观察结果，进一步锻炼其专业技能，为后续交通空间设计实践打下基础。

■　作品范例

作品范例为南京地铁花神庙站、百家湖站站厅平面图，如图 4.16 和图 4.17 所示。

【南京交院地铁站站厅层平面图】

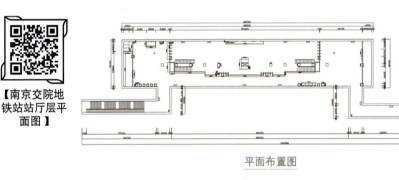

平面布置图

功能分区图

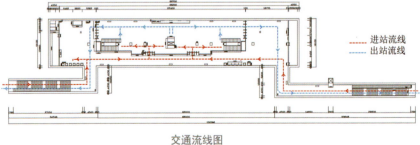

交通流线图

图 4.16　南京地铁花神庙站站厅层平面图（王旭程、周文茜测绘，陈朔指导）

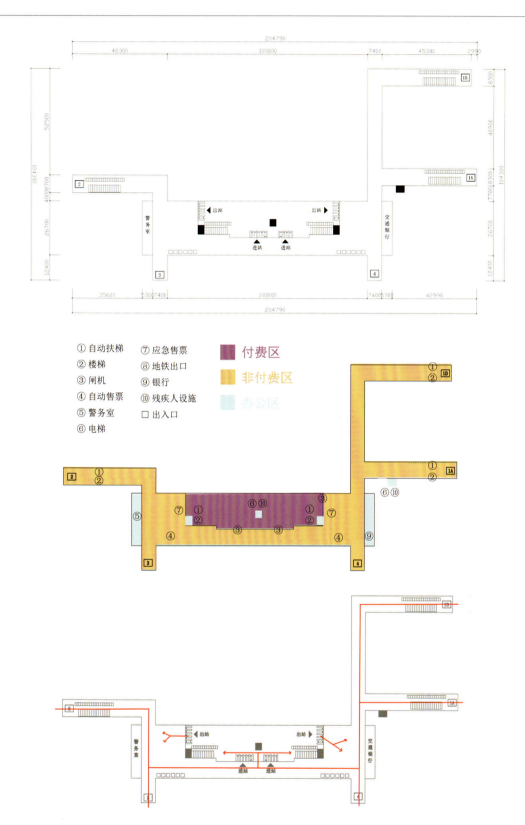

图 4.17　南京地铁百家湖站站厅层平面图（周婷、马思敏、刘冬芹测绘，陈朔指导）

项目 5　交通空间环境装饰设计

交通空间作为公共建筑空间，其交通功能属性是第一位的。随着社会的不断进步，人们对美的不断追求和向往，交通空间环境的装饰设计也越来越受到重视。交通空间环境装饰主要是通过装饰元素符号、环境色彩搭配、装饰材料选择等方面来形成呼应关系，共同营造出具有主题特色的环境氛围。在本项目中，将结合交通空间设计案例对其环境装饰进行具体的讲解。

5.1　交通空间装饰主题设计

空间的主题是空间的灵魂，空间有了灵魂才会有灵性，才能表达出特定的文化内涵，给人们带来独特的空间体验。交通空间作为城市的窗口和门户，体现着城市的形象，所以其空间主题的确立，往往与地域文化、民俗风情、人文环境相结合。在体现地方艺术特色的同时，结合现代化的技术手段，赋予空间视觉愉悦感和文化内涵，从而创造出满足人们物质生活和精神生活所需要的室内环境。

主题性设计通常借助隐喻的表现手法，并结合所涉及的语境产生特定的空间语义。设计师需要对设计的主题元素进行提炼，形成视觉化的装饰符号，按照设计构成的法则形成室内空间的文脉，从而传达出空间的主题精神和思想。

主题的选题内容十分宽泛，传统文学、传统艺术、寓言故事、神话传说、文化符号、历史人物、民俗民风、地域风格、传统建筑、特色动物或植物、生态与自然等都可以作为创作主题，其装饰效果明显，能够使空间环境变得生动富有活力，并且具有一定的文化内涵。

主题元素符号对空间的装饰主要作用于空间的界面之上。空间的界面指的是空间的限定元素，即水平限定元素（基面、顶面）和垂直限定元素（墙面、隔断）等。当确定空间功能分区与空间布局组织之后，空间界面的处理与装饰就显得尤为重要。界面的造型、材质、色彩、灯光等是表现交通空间品质与内涵的重要环节。主题元素符号在空间中的运用要注意把握统一与变化的设计原则，不应该将各个界面单独分开设计，以免空间产生割裂感和拼凑感；也不应该盲目地将相同的符号元素重复地运用到整个空间界面，以免空间感觉单调乏味；应该在明确设计主题的前提下，根据主题概念构成系列化的设计要素，从而使空间在视觉上相互衬托并具有一定的秩序感。

例如，南京地铁 3 号线以"红楼梦"为主题（图 5.1），采用"一线一景"的设计概念，结合地铁沿线的文化背景，在全线的 29 个车站中选取了 9 个重要车站分别设计布置了太虚幻境（五塘广场站）、元春省亲（南京站）、品茗（常府街站）、金陵十二钗（大行宫站）、除夕夜宴（夫子庙站）、湘云眠芍（武定门站）、黛玉葬花（雨花门站）、大观园（卡子门站）、菊花诗社（九龙湖站）9 个具有代表性的经典场景，采用马赛克、石材浮雕、艺术玻璃等艺术表现手法。除了车站墙面上的"红楼梦"主题壁画，室内顶面设计效仿江南古典建筑中的吊顶样式并搭配镂空的传统纹样作为灯罩，车站立柱的边框及顶面采用金色勾勒，让车站浸染在六朝古都南京的儒雅气质当中。

【南京地铁3号线"红楼梦"主题车站】

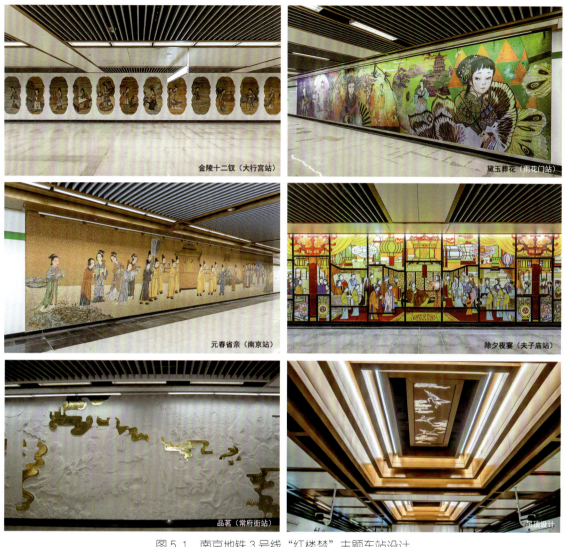

图 5.1　南京地铁 3 号线 "红楼梦" 主题车站设计

5.2　交通空间装饰色彩设计

　　色彩具有唤起人的第一视觉的作用。室内环境氛围的营造主要是利用色彩的知觉效应，例如色彩的冷暖、轻重、远近及情感联想等，来调节和创造室内环境气氛。室内空间色彩设计的主要问题是解决色彩的搭配、对比与调和问题。

　　色彩的对比产生差异，交通空间中可以通过色彩的对比起到强调的作用，多用在指示信息设计等方面，通过对比色或者高纯度色彩吸引人们的注意，引导人们在空间中有序地流动。在空间色彩的组合与搭配中，可以运用色彩三要素——色相、明度、纯度之间的强弱变化关系，把握好色彩的节奏与韵律，巧妙有机地调度各种色彩，按照一定的层次与比例，从而构成和谐的空间色彩整体。例如，德国慕尼黑地铁站空间中的色彩运用（图 5.2）强烈鲜明，采用纯度较高的红色、黄色、蓝色、绿色等进行空间装饰，尤其是采用红色与蓝绿色进行对比，具有强烈的视觉冲击力，打破了地下沉闷、单调、封闭、压抑的空间感。

【德国慕尼黑地铁站空间中的色彩设计】

图 5.2 德国慕尼黑地铁站空间中的色彩设计

在空间色彩的选择和搭配上，主要从两个方面考虑：第一，是否能够体现交通空间本身的性质与特点；第二，色彩对于乘客会带来哪些情感联想。所以，这就要求设计师在熟悉空间特征与目标人群的基础上，认真地研究色彩感情，从中找出恰当的色彩语言（表5-1）。

表 5-1 色彩的抽象联想

色 彩	抽象联想
红	激情、热烈、喜悦、喜庆、危险、愤怒、焦灼
橙	活泼、欢喜、爽朗、华美、温和、浪漫、成熟、丰收、卑俗
黄	愉快、阳光、明朗、轻快、希望、明快、泼辣
绿	安静、新鲜、安全、和平、年轻、永恒
青	沉静、冷静、冷漠、孤独、空旷
蓝	理想、理智、平静、冷淡、无限、悠久
紫	庄严、不安、神秘、严肃、高贵、消极
黑	黑暗、肃穆、阴森、忧郁、不安、压迫、死亡、坚强
白	纯洁、朴素、纯粹、清爽、冷酷、神圣、神秘
灰	平凡、中性、沉着、抑郁、绝望、沉默、死亡

目前，我国各个城市的地铁线路规划大多采用标识色设计理念，通过特定的颜色作为线路的标识，起到导向作用，方便乘客对线路快速识别，并且统一了各个线路的色彩设计风格，通过标识色在空间中的运用，丰富了地铁站空间环境。

以南京地铁空间色彩设计为例，其室内空间以白色和灰色为主色调，针对不同的线路设计规划出线路标识色（图5.3），并且将标识色彩融汇贯穿于线路站点室内空间界面的细节装饰之中，包括出入口、电梯、顶面穿插、立柱、墙面装饰、环境导视系统、环境设施等方面，通过系统性的色彩规划与空间装饰，将空间的整体性与艺术性有效地展现出来。

图 5.3　南京地铁线路标识色设计

图 5.4 所示为南京地铁 4 号线草场门站的室内空间色彩设计。南京地铁 4 号线途经包括颐和路公馆片区、省市政府及紫金山在内的诸多景点，称得上是紫气

【南京地铁 4 号线室内色彩设计】

图 5.4　南京地铁 4 号线室内空间色彩设计

东来,所以以紫色为标识色。草场门站靠近南京艺术学院,所以在以紫色为空间标识色的基础上,搭配紫藤花设计了拟人化的卡通吉祥物"阿紫",并衍生出系列文化创意产品。

5.3 交通空间装饰材料设计

装饰材料的选择与搭配设计对于空间氛围的营造具有重要的作用,不同的材料由于其质感不同,所以营造出不同的空间氛围。只有进行恰当的选择,才能达到空间形态、色彩、材质三者之间的有机统一,使空间富有更多的表情与意义。

材料的质感主要是指材料表面特征给人带来的触觉和视觉质感及心理联想。触觉质感是人们通过皮肤触及材料而感知的材料表面特性,是人们感知和体验材料的主要途径。视觉质感大部分是通过触觉感受经验积累获得的,通过视觉来识别材料类别,从而产生对材料表面特性的感知。材料表面的光泽、色彩、肌理和透明度等都会产生不同的视觉质感,从而形成材料的精细感、粗犷感、均匀感、工整感、光洁感、透明感等。不同材质由于其自身属性不同,可以创造出不同的气氛感觉(表5-2)。相对于触觉,视觉具有一定的间接性。根据这一特点,人们运用工艺手段,可以达到仿造材质以假乱真的效果。例如,运用塑料产生木纹的效果,在塑料上进行喷涂产生金属效果,以及在室内设计中应用一些人造大理石等材料。

表 5-2 不同材质的质感

材质	质感
金属	坚硬、冰冷、光泽、现代、高贵、稳重、牢固、冷漠、贵重、硬朗、结实、沉重、有质感、阳刚、厚实、理性、时尚
塑料	轻巧、人造、脆弱、柔软、柔韧、冷漠、温和、可塑、亲切、华丽、波普、轻便、廉价、可爱、耐用、生硬、鲜艳、中庸、通俗、科技
玻璃	透明、光滑、透彻、清脆、光亮、冰冷、晶莹剔透、脆弱、易碎、纯净、纯洁、清新、清爽
木材	自然、亲切、温暖、舒服、粗糙、温馨、古典、轻质、踏实、厚重、高雅、纯朴、肌理、清新
陶瓷	光滑、高贵、脆弱、古老、细腻、光亮、柔和、贵重、华丽、古朴、优雅、光洁
皮革	柔软、现代、温暖、舒适、高贵、结实、奢华、珍贵、光亮、光滑、庄重、野性、庸俗、时尚、细腻、典雅
橡胶	弹性、耐磨、柔软、韧性、难闻、粗糙、耐用、实用、易塑、结实、运动、暗淡
织物纤维	柔软、温暖、舒服、温柔、细腻、柔和、美丽、感性、质朴、光滑、亲切、粗糙、柔韧、毛茸茸

交通空间作为公共建筑空间,其设计选材及安装不仅仅要满足空间氛围营造的需要,更重要的是应该符合国家的相关设计规范,选材的各项指标均需要达到国家规定,符合防火、防潮、防蚀、防滑、耐久、无毒、无异味、防静电和低放射性等要求。

目前市场上的材料更新换代很快,材料品种也越来越丰富。不同于家居空间中大量使用木材类材料,为了满足防火、防潮、耐久的使用需要,交通空间中常用的装饰材料,主要有金属类、石材类、陶瓷类、玻璃类等。金属类材料根据形状又可以分为线材、板材等类型,具体来说,常用的金属装饰材料有轻钢龙骨、铝合金、搪瓷钢板、烤瓷铝板、不锈钢线条等。铝合金材料多用于顶面设计,与钢板相比重量较轻,抗腐蚀性能好。搪瓷钢板和烤瓷铝板材料以金属板材作为基础,对表面进行搪瓷或烤瓷工艺处理,防撞性能优越,质感好,色彩表现能力强,安装方便,目前多用于

【交通空间中的金属材质】

站台柱面的装饰。另外，门套、窗框、楼梯扶手、护栏等细节也多采用不锈钢金属材料。图 5.5 所示为金属材质在交通空间中的运用。

图 5.5　金属材质在交通空间中的运用

室内空间界面装饰石材的应用以地面铺设为主，以墙面装饰为辅。出于经济性考虑，交通空间中大多使用人造石英石材，其优点是环保性高，色彩易控制，因此广泛应用于车站站厅、站台、通道地面、楼梯踏步、墙柱面踢脚线等，如图 5.6 所示。另外，水磨石、花岗岩等石材也在这些地方均有应用。

【交通空间中的石材】

图 5.6　石材在交通空间中的运用

在大环境比较干净的情况下，化纤材料地毯也被广泛应用，因为其具有坚韧耐磨、防静电、防尘、防污染的特性。另外，像马赛克、艺术玻璃、艺术瓷砖等装饰性较强的材质，也被广泛应用于交通空间局部艺术装饰之中。

在交通空间设计中，设计师需要熟练地掌握材料的基本性能和感觉特性，并及时掌握新技术、新工艺和新材料的发展动向，通过色彩、材料、工艺与形态的完美结合，营造出良好的空间主题氛围，给乘客带来美好的空间感受和体验。

工作任务 5　交通空间界面装饰设计实地调研

■　任务目的

加深对交通空间界面装饰设计的理解，学生以小组为单位选取当地的汽车客运站或地铁站进行实地考察与测绘，注意观察并测量记录车站空间界面的装饰材料与色彩，根据实际调研绘制车站顶面图、地面铺装图和局部立面图，并配上实景照片。

■ 操作步骤

（1）对某车站进行实地考察与测绘，观察、测量、记录、拍照。

（2）结合实地调研记录与测绘数据，采用 Auto CAD 软件绘制顶面图、地面铺装图和局部立面图。

（3）分析其所用材质与色彩搭配，并配以实景照片进行说明。

■ 作品评价

（1）实地调研记录详细认真，调研内容完整。

（2）图纸绘制清晰准确，尺度合理，符合制图规范。

（3）对于空间的装饰材料与色彩的理解深刻，实景配图与图纸相一致。

■ 教学提示

鼓励学生走出校园，对身边的车站进行实际的观察、测量与分析，并通过顶面图、立面图、地面铺装图的绘制表达自己的观察结果，进一步锻炼专业技能，为后续交通空间设计实践打下基础。

■ 作品范例

作品范例请扫描二维码在线观看。

【南京地铁 3 号线星火路站 CAD 图纸】

项目6　交通空间中的环境设施

环境设施是交通空间的有机组成部分,是为了满足空间的服务和使用需求及美化空间环境所设置的。伴随着人性化设计理念的不断深入及科技的不断进步,满足人们多样化需求的环境设施设计层出不穷,使得交通空间中的设施不断地变化与丰富。在本项目中将对交通空间中的环境设施分类进行讲解。

6.1　照明设施系统

交通空间中的照明设施是一个复杂的系统,根据用途可以分为基础照明、工作照明、装饰照明、节电照明、事故照明、导向标识照明、区间照明、广告照明等;根据照明方式的不同,又可以分为直接照明和间接照明两大类。

直接照明是运用最多、最高效的一种照明方式,但过多地运用直接照明容易产生眩光,给乘客带来视觉上的混乱。因此,其在设计上需要注意灯光照度和空间布局形式,在保证实现照明需求的基础上满足灯具外观与装饰材料及空间建构之间相互融合。

间接照明一般是将灯具安装在暗槽或者装饰材料内部,或者将光线投射到需要的空间或平面上,再通过照射面的反射间接为空间提供照明。间接照明能够解决光源外露产生的眩光问题,有利于创造良好的照明环境氛围,但其缺点是照明效率较低,所以多用于局部效果或者装饰照明之中。图6.1所示分别为直接照明与间接照明效果。

图6.1　直接照明与间接照明

由于人们对交通空间艺术化的不断追求,单一的、较为呆板的照明方式已经不能满足人们的审美需要。照明设施系统除了满足基本的照明功能需要之外,其作为交通空间的设计与装饰要素也发挥着巨大的作用。灯具本身的造型具有一定的艺术美感,且灯光作为点元素,其排列与组合也可以使空间产生节奏感与韵律感,光的色彩与色温对于空间氛围的影响也很大,暖色光源给人一种温暖、温馨的感觉,而冷色光源则表现出宁静、清爽的格调。所以,空间的照明设计往往需要根据环境的具体需要,利用光色、灯具造型、照明方式等打造多种照明效果,进而丰富人们的视觉体验。例如,迪拜地铁站空间照明设计(图6.2)以海洋为主题,空间照明以蓝色为主色调，与站内地面跳动的金色形成对比，其高贵的蓝色水母造型吊灯典雅宁静，波浪形的透明发光灯带优雅浪漫，使乘客仿佛置身于清澈纯洁的水中世界。

图6.2　迪拜地铁站空间综合照明效果

6.2　信息标识系统

【交通空间中的各类信息标识设计】

交通空间作为人流量较大的公共空间，已经成为视觉信息的环境载体，充满各种图形、文字等视觉信息符号。其设置形式也十分丰富，常见的有顶面悬吊式、墙面贴附式、照明灯箱式、独立设置式、地面贴附式、多媒体互动式等（图6.3），而且随着电子信息技术的不断发展，多媒体互动式的信息标识设计的应用将会越来越广泛，给未来的信息标识设计带来革命性的改变。

图6.3　交通空间中的各种信息标识设置

从功能内容上对交通空间中的各种信息符号进行分类，大致可以分为 3 种：导视标识类、信息宣传类、商业广告类。

6.2.1 导视标识类

导视标识类是交通空间信息系统设计的重点。导视标识系统以人性化设计为理念，在充分分析交通空间环境特征及乘客在空间中的心理与生理特征的基础上，对各种类型的标识、导向等信息进行统一整理与空间规划，按照一定的表现形式和顺序关系组成视觉信息系统，从而为乘客指示方向，使其能够方便、快捷、顺利地完成在空间中的各项行为活动。交通空间的导视系统包括对地名文字、标志、标识牌、图形、符号、色彩、材质、版式等多种元素的综合设计，在交通空间的日常运营中扮演着极为重要的角色。

交通空间的导视标识系统设计主要遵循以下几项原则：

（1）系统性与规范性。从交通空间的功能出发，系统规范的导视标识系统将会给空间带来良好的秩序感，统一、简洁、清晰是导视标识系统标准化设计的基本要求。另外，造型、材料、色彩还要与整体的空间环境相协调，从而达到美化环境的效果。

（2）高效性。高效是现代社会生活的基本特征，所以对于导视标识系统而言，需要考虑其在空间中设置的位置、数量及图文信息传达的内容与方式，通过合理的配置与设计达到高效快捷传达信息的目的。

（3）人性化。人性化设计就是以乘客的生理与心理需求为出发点展开的设计。对于乘客来说，导视标识的内容是否便于识别且逻辑清晰，指示牌的位置、色彩、高度、间距、图标、字体大小等方面是否满足不同人群的需要，导向信息能否避开遮挡以方便乘客在人群中行进的过程中识别等，都属于人性化设计的范畴。

（4）地域化。随着现代主义设计风格的流行及信息时代文化的趋同性发展，不同国家和地区的交通空间导视标识系统变得千篇一律，所以地域化民族化的设计风格越来越受到关注。导视标识系统的设计需要脱离简单的符号套用，从城市地域的诸多层面发掘文化内涵，从而促进历史文化的延续与城市的发展。图 6.4 所示为西安地铁站导视标识设计，每个单独的车站都根据地域特色设计了独特的标志，在方便乘客识别的同时展现了当地的标识性建筑或特色。

图 6.4　西安地铁站导视标识设计

6.2.2 信息宣传类

信息宣传类标识主要是指展现相关事物主题内容、在交通空间中所需要遵守的相关条例法律法规、相关的活动内容等非商业性的信息设计，如在火车站提供的相关城市介绍、地铁空间内显示的票价信息、相关安检条例和一些乘车安全规范标识等。图 6.5 所示为信息宣传类标识。

图 6.5　信息宣传类标识

6.2.3 商业广告类

交通空间因其巨大的人流量，也成为商业宣传的重要载体。交通空间中的商业广告（图 6.6）大多采用系列化的设计风格、强烈的色彩与巨大的篇幅，通过不断的重复给人带来强烈的视觉冲击，从而达到广告的效果。但是，交通空间中的商业广告也需要相应的设计规范和设计理念的约束，使其形成合理化的空间元素，否则容易导致空间环境的混乱。

图 6.6　交通空间商业广告

6.3 服务设施

交通空间中的服务设施是指为了满足乘客在该空间中的各项活动提供服务而设置的设施或物品，如座椅、垃圾回收箱、卫生间、饮水器、自动服务设施等。根据人们在交通空间中停留时间的长短及不同人群的不同需求，不同的交通空间中所提供的服务设施种类和数量各不相同。下面选取几种常见的服务设施进行讨论。

6.3.1 座椅

座椅是在交通空间内为人们等候休息提供服务的必不可少的设施，也可以作为重要的环境装饰进行设计。座椅应该根据交通空间的规模大小、人流量等综合因素确定数量与位置，既要方便人们休息，又不妨碍人员的流动。另外，座椅的形式与设计风格应该与室内装饰风格相一致，达到烘托美化环境氛围的目的。例如，地铁站内的公共座椅通常设置在站台层，供有需要的乘客候车时使用，但由于地铁列车班次间隔时间短，所以座椅的设计重点更多的是考虑造型和色彩的设计对环境的影响，通常其造型设计比较简洁，可以考虑融入一些地域特色元素，起到美化环境的作用。图 6.7 所示为不同城市的地铁公共座椅设计。

【交通空间中的公共座椅设计案例】

日本某地地铁站

北京地铁站

南京地铁站

成都地铁站

图 6.7　不同城市地铁公共座椅设计

对公共座椅材料的选择通常出于耐用度和经济性的考量，不锈钢、木材、石材、塑料等耐用易打理的材质使用较多，如考虑到使用的舒适度则可以设置椅背，并且搭配织物或人造皮革等材料作为座面材质。座椅的设计应满足人体舒适度要求，通常座面高度在 38~40cm，座面宽度在 40~45cm，单人椅长度在 60cm 左右，双人椅在 120cm 左右，靠背倾角以 100°~110° 为宜。对于 VIP 候车环境内的座椅设计，舒适度要求更高，通常会采用沙发等形式，再搭配茶几或边桌，使得候车环境更加温馨舒适。

6.3.2 垃圾回收箱

垃圾回收箱通常设置在人流量较大或者客流停滞的位置，如出入口、通道边、座椅附近等处，通常靠墙面或柱面设置，一般每隔 10~20m 设置一个。为了方便乘客使用、防止人员拥堵，垃圾回收箱的设置需要避开上下楼梯口的位置。

【交通空间中的垃圾回收箱设计案例】

垃圾回收箱通常采用不锈钢金属、塑料等材质，注重材料的耐用性，结构可靠，易于安装维护，便于清理，并保证适当的容量。垃圾回收箱的高度一般在 60~80cm，垃圾口设置一般朝上或倾向，方便垃圾的投放。垃圾回收箱作为交通空间环境中的元素，形态与色彩要与周边环境相协调，还要有一定的注目性，便于视觉搜寻，以便减少垃圾乱丢的现象。另外，基于环保生态的设计理念，垃圾回收箱还要满足垃圾分类回收的需要，通常采用不同的色彩或桶盖开口形状以提示垃圾类别。图 6.8 所示为交通空间中的垃圾分类回收箱设计。

图 6.8　交通空间中的垃圾分类回收箱设计

6.3.3 卫生间

卫生间是交通空间中不可缺少的卫生服务设施，其设置以适用、方便、卫生为原则，内部空间装饰色彩与材料的使用应与整体的建筑装饰风格相协调。同时，需要重点注意卫生间出入口的设计，一方面要做到视觉标识清楚、识别性高，另一方面要注意空间的私密性。基于人性化设计的理念，并充分考虑老人、儿童及残障人士等特殊人群的需要，还要为卫生间设置专门的如厕区域，并配套完善的服务设施。

【日本优秀交通空间卫生间设计范例集】

例如，日本非常注重公共卫生服务设施的设计，甚至其独特的人性化的设计已经成为一种特殊的"厕所文化"。为此，日本政府推行了一本优秀公共卫生间设计范例的图书，其中专门有一个章节介绍交通空间中优秀的卫生间设计案例。如图 6.9 所示的日本最大的国际航空港东京成田国际机场的卫生间设计，从外表上就打破了传统卫生间的水泥墙壁，采用一整排霓裳屏目，可以呈现意境式动态图像；内部分为 10 个隔间，其中包括 4 间男卫生间、4 间女卫生间、1 间哺乳室和 1 个多功能室，均配有先进的温水冲洗座便器，可以自动感应翻开马桶盖，坐垫自动加热，还有完善的杀菌和除臭措施；内侧墙壁上也装饰了富士山等日本标志性风景壁画，将人们从对于卫生间封闭黑暗的成见中解放出来。

图6.9 日本东京成田国际机场卫生间设计

6.3.4 饮水器

饮水器是在交通空间中为满足人们的生理需要而设置的供水设施。由于不同地区人们的生活习惯不同，所以饮水器的设计也有所差别。目前，国内交通空间中（机场、火车站、汽车站等）饮水器大多设置在卫生间附近，可以提供热水供应服务。饮水器设计时主要考虑安全问题，需要有明确的标识，方便操作，防止烫伤。在西方国家，饮水器设置比较普遍，通常供应冷水直饮水，很少提供热水服务。考虑不同人群的使用需要，饮水器的设计高度在80cm左右，供儿童使用的饮水器高度一般在65cm左右，还要考虑出水口的高度与出水按钮的设置，方便操作，防止水柱喷溅。

6.3.5 自助服务设施

为了减少人工支出，更加快捷地为乘客提供服务，越来越多的自助服务设施被广泛应用。自助服务设备的设计首先需要从功能设计上进行创意，深入分析交通空间中乘客的切实需要；其次，使用界面的交互设计也十分重要，要充分考虑设计心理学的要求，符合人们的认知和使用习惯，操作方便快捷；再次，造型和尺度要与周围环境相统一，并且符合人体工程学尺寸要求；最后，也要考虑方便残障人士的使用，满足无障碍设计的要求。

随着科技的进步和人性化设施设计的不断深入，更多新型的自助设施被发明并投入使用，使我们身边的交通空间变得越来越现代化和人性化。除了地铁站的自助售票机、自动充值机、火车站的自助取票机，飞机场的自助领取登记牌、自助行李托运机等之外，为了更加方便地为乘客提供其他服务，不少交通空间中还配有自助售货机、自助取款机、自助查询机、自助充电站、自助快照亭等设施。图6.10所示为新加坡樟宜机场提供的全套"畅快通行"自助服务设施，采用面部识别科技与全套自助"畅快通行"系统，乘客可以自助快捷地进行包括值机、行李托运、通关及登机在内的全套流程。

【交通空间中的自助服务设施】

图 6.10　新加坡樟宜机场"畅快通行"自助服务设施

6.4　管理设施

　　交通空间中的管理设施是指为了维护空间的秩序与安全而设置的设施或物品，如安检设施、拦阻设施、检票闸机等。由于交通空间的人流量很大，所以安全性和秩序性是交通空间建设与正常运营的重要条件。

6.4.1　安检设施

　　安检的主要目的是防止枪支、军用或警用械具及其仿制品、易燃易爆品、管制刀具、腐蚀性物品及其他危害安全的物品被携带进入相关场所，造成安全威胁。目前，交通空间中普遍使用的安检设施主要有安检门、手持金属探测仪、安检 X 光机、危险液体检测仪等。安检设施通常设置在交通空间的入口处，根据安检的程序需要对人身和行李分别进行检测。设置安检设施时要注意设施之间的间隔与顺序，方便安检需要的同时提高安检效率，防止人员拥堵；另外，也需要考虑周边配套设计的人性化，人身检查时注意保护乘客隐私。图 6.11 所示为新加坡樟宜机场沉浸体验式安检区的设计，70m 宽、5m 高的大型沉浸式 LED 巨幕为旅客展示新加坡的天际线美景、樟宜机场所连接的各个东盟目的地的标志景观，让安检队列中的旅客在等待之余也能享受一场视觉盛宴。

图 6.11　新加坡樟宜机场安检区设计

6.4.2 拦阻设施

拦阻设施具有空间分割和导向的作用，可以分散人流，防止拥堵，高度通常在90cm左右。另外，在容易发生跌落等人身事故的地段，应该设置安全护栏，其高度应该超过人的重心，在110cm以上，起到防护围挡的作用，以防止危险发生。例如，在地铁站台上设置的半高或全高的地铁屏蔽门（图6.12），可以防止乘客跌落或者穿越轨道。半高屏蔽门多用于没有安装空调系统的高架式车站，全高屏蔽门多用于封闭式地下车站空间。

图6.12 地铁屏蔽门设计

6.4.3 检票闸机

目前在我国，进出站检票闸机已经逐步取代了传统的人工检票服务，大大提高了工作效率，加快了人们进出站通行的速率。检票闸机设置在进站口和出站口，用于管理人流并规范行人的出入，目前主要用于地铁与高铁的检票系统。检票闸机的核心功能是通过扫描证件或刷卡进行识别，打开通道，实现一次通过一人。通常来说，检票闸机由箱体、拦阻体、机芯、控制模块和辅助模块几部分组成。根据拦阻体的形态不同，检票闸机又可以分为摆闸、翼闸、三辊闸等，如图6.13所示。由于摆闸的通行宽度较大，一般在550~1000mm，比较适合用于携带行李包裹的行人或自行车通行，也可以作为行动不便者的专用通道，多用于高铁车站；而翼闸和三辊闸多用于地铁站。

图6.13 检票闸机的种类

6.5 公共艺术

公共艺术是指在公共空间中的艺术创作及相应的环境艺术化设计。交通空间具有开放、公开的特质，属于公共空间，所以其空间中的艺术创作，包括绘画、雕塑、装置艺术、具有艺术性的装饰设计等都属于公共艺术的范畴。

交通空间中的公共艺术主要有以下几个特点：

（1）环境主题的相关性。交通空间中的艺术创作是为烘托环境主题氛围服务的，所以其创作主题与环境主题具有相关的联系。例如，美国迈阿密国际机场的公共艺术设计（图6.14）结合迈阿密城市特点，以海洋为主题，采用海洋动植物进行图案化排列及波浪线的形态，对空间墙面、顶面、地面进行艺术化的装饰。

图6.14 美国迈阿密国际机场墙面公共艺术设计

【杭州地铁1号线公共艺术创作工程】

（2）艺术表现手法的多样性。公共艺术相对于传统艺术而言，其表现手法更加多样化。首先，艺术表现在材料与工艺上，可以充分结合装饰材料与工艺，如艺术玻璃、陶瓷、金属、石材、马赛克、织物等；其次，在艺术表现形式上，可以采用绘画艺术、装饰图案、雕塑艺术、景观设计、构成艺术、数码设计等多种表现形式；最后，在表现内容上，既可以是纯艺术性的展示美化，也可以与建筑空间环境设计及室内环境设施设计相结合。例如，由中国美术学院主持设计的杭州地铁1号线公共艺术作品（图6.15），以"一站一故事"为创作理念，从各个站点周边场所的形态出发，形成了材质各异、题材各异、形式各异的公共艺术作品，共同组合起来有机地反映出杭州的城市文化精神。

（3）互动性。由于公共艺术位于开放的空间，能够很自然地吸引人们的视觉关注，所以可以使穿梭其中的行人被艺术感染并产生思考。艺术的内涵能让人们与之产生精神上的互动和交流，满足人们的审美需求；另外，还可以从功能方面与人们产生互动，这种互动形式将加深人们的情感体验，成为人们记忆中的一个亮点。例如，北京地铁8号线南段南锣鼓巷站内的"北京记忆"公共艺术作品（图6.16），通过艺术的方式将代表北京生活和文化特色的老物件封存于一个个琉璃制成的方块之中，使用拼贴的手法将4000多个琉璃块组成老北京特色的生活场景，通过手机扫描二维码、访问网络等手段可以阅读这些老物件背后的北京故事。

图 6.15　杭州地铁 1 号线公共艺术作品

图 6.16　北京地铁 8 号线空间互动式艺术墙设计

工作任务 6　交通空间环境设施创意设计

■　任务目的

加深对交通空间环境设施的理解，通过观察和亲身体验，发现现有交通空间环境设施设计的不足，从功能及形态等方面进行设计创意。

■　操作步骤

（1）针对某种交通空间中的环境设施进行观察与调研，结合自身的生活体验，发现其设计中存在的问题。

（2）尝试解决问题，并绘制设计创意草图。

（3）设计方案优化筛选，并进一步深化，构建三维模型，渲染设计效果图。

（4）设计方案整理并制作展板。

■　作品评价

（1）功能设计是否具有创意，是否能够较好地解决实际问题。

（2）环境设施形态是否美观且具有艺术性。

（3）设计表现技法是否娴熟，是否能够较好地通过手绘及计算机辅助表现设计方案。

■　教学提示

培养学生敏锐的设计观察力与设计思维，能够较好地发现问题、分析问题并解决问题，进一步锻炼其专业技能。

■　作品范例

作品范例如图 6.17～图 6.19 所示。

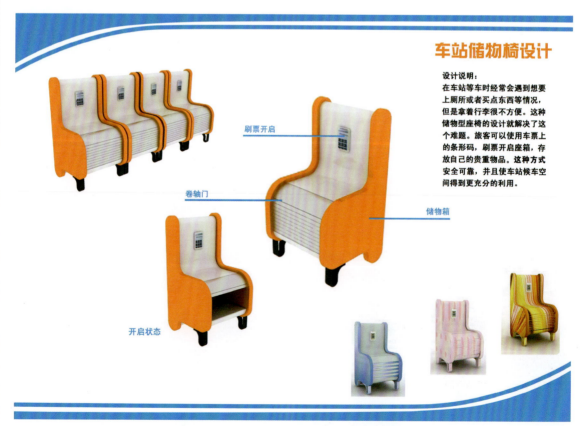

图 6.17　车站储物椅（张甜设计，陈朔指导）

图6.18 音乐座椅(周赛赛设计,陈朔指导)

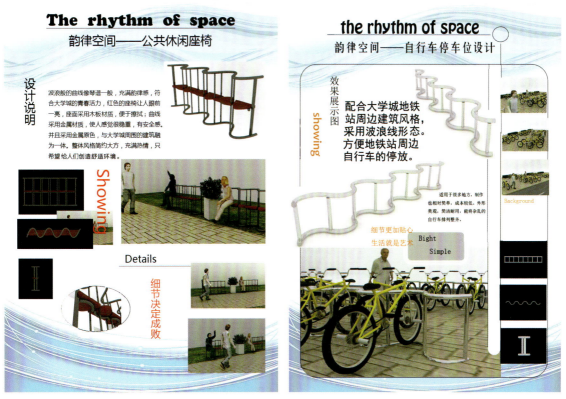

图6.19 韵律空间系列环境设施设计(朱瑶佳、盛颖设计、陈朔指导,获第五届"中国营造"2015全国环境艺术设计双年展优秀奖)

模块二

实践·交通空间设计实例解析

学习要求和目标

■ 学习要求：本模块在模块一交通空间设计基础掌握的基础上，选取南京地铁3号线、苏州火车站为研究对象，介绍目前国内具有代表性的交通空间设计流程与设计思路，对后期学生进行专业的交通空间设计具有一定的参考价值。

■ 学习目标：培养学生科学的设计流程与习惯，以及理性的设计思考与分析能力，通过完整的设计案例演绎使其掌握交通空间的设计流程与方法，为交通空间的设计实践打好基础。

模块知识要点

项　　目	项目内容	工作流程
地铁空间设计	南京地铁3号线室内空间设计	（1）了解项目概况 （2）明确设计理念与原则 （3）整体形象规划设计定位 （4）装修系统设计定位（墙面、地面、顶面、照明） （5）公共艺术设计 （6）地铁空间商业系统规划 （7）设计成果
火车站空间设计	苏州火车站改造工程设计	（1）了解项目概况 （2）项目总体规划（城市交通路网规划、总平面布局、景观与绿化设计、外部交通组织、内部交通流线设计） （3）车站空间功能布局 （4）空间形态与建筑造型 （5）设计表现

模块引言

随着我国交通事业的发展，全国各地的城市地铁站、城际高铁车站如雨后春笋般建设起来。本模块选取了具有代表性的国内较为优秀的交通空间设计实例，按照设计流程对其进行详细解析，对学生具有一定的参考价值。

项目 7　地铁空间设计
——南京地铁 3 号线室内空间设计

地铁空间设计主要是指地铁站中的乘客使用空间的装饰设计。随着城市的发展，地铁站不再是拥挤的通道，而是作为整个城市的空间节点与窗口，体现出浓郁的地方特色与艺术化风格，成为都市人心中的舒适驿站。在本项目中以南京地铁 3 号线为例，按照设计流程介绍地铁空间的设计思路与方法。

7.1　项目概况

南京地铁 3 号线于 2015 年 4 月 1 日起正式运营，线路全长 44.9km，线路途经浦口区、鼓楼区、玄武区、秦淮区、雨花台区和江宁区（图 7.1）。该线路共设置 29 座车站，其中林场站为高架站，其余 28 座车站均为地下站；北起林场站，卜穿长江进入南京主城，一路南下，进入东山副城，南至秣周东路站，串联起江北新区、主城区和东山副城。其室内空间的装饰设计主要由南京华夏天成建设有限公司完成。

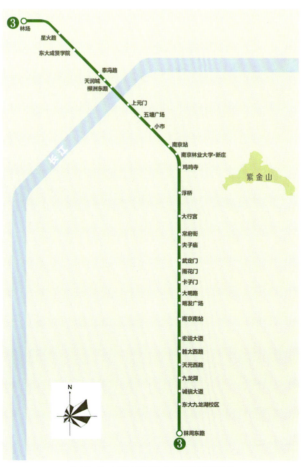

图 7.1　南京地铁 3 号线线路图

7.2 设计理念与原则

通过对国内外部分地区城市地铁空间建设方面资料的收集与整理,我们发现目前国内外的地铁空间建设正处在一个由量变到质变的阶段,逐渐形成了适合本土特色的专业设计体系。具体来说,有以下几个发展趋势:

(1)艺术化的反映人文特征。作为城市的重要通道,更加注重地铁空间内部环境对周围地域人文特征的反映和表现,用装修系统及环境艺术等多样的艺术手法表现时代赋予城市的特征。例如,北京地铁北土城站以青花瓷为主题进行空间装饰,如图7.2所示。

图7.2　北京地铁北土城站设计

(2)人性化的各种配套设施设计。地铁作为大型公共交通设施必须把"以人为本"作为基本原则,充分考虑人们的需求,并且强调对于弱势人群的特殊关怀,人性化的各种设施设计应更加趋于完备和合理。例如,日本地铁空间的设计虽然整体简洁大方,但是对于人性化的各项设施和服务考虑得非常细致,如图7.3所示。

图7.3　日本地铁空间人性化设施设计

(3) 工业化的设计、采购与安装。所选材料具有统一的模数系统，方便安装维护更换和多种接口对接；有效提高工作效率，降低成本，满足建造和后期管理维护的要求，从设计、采购和安装等方面更加趋于工业化、模块化、标准化。例如，上海地铁空间的设计具有高度成熟的工业化特征，成为国内地铁空间设计标准化的样板，对于降低工程造价及缩短建造时间都起到了重要的作用。

(4) 商业化的带动城市经济发展。地铁作为城市人口流动的重要集散地与商业的发展相吻合，以地铁线路为纽带、以地铁站为节点带动了城市的商业繁荣与经济发展。地铁空间墙面和立柱布满的商业广告、地铁连廊内的小商铺等，使地铁空间充满了浓厚的商业气息，所以在地铁空间设计时要满足商业发展的需要。

结合国内外城市地铁空间发展趋势及南京城市自身发展规划的需要，我们总结出南京城市地铁空间设计理念与设计方向：

(1) 承载人文。充分展示南京独特的地域文化。

(2) 完善功能。在现有南京地铁 1 号线及 2 号线建设成果的基础上充分创新，不断满足人性化设计的需要。

(3) 采用工业化模块化的设计理念，材料绿色环保，满足地铁安全运营的需要。

(4) 协调城市经济。与城市和周边环境互动协调，发挥地铁的商业性价值，满足城市经济可持续发展的需要。

7.3 整体形象规划设计定位

整体形象规划设计的思路是：首先，通过对国内外地铁空间设计成功案例的分析，明确轨道交通空间气质与城市气质之间的关系；其次，对国内常见的几种地铁空间装饰手法进行解析，找出各自的优缺点；最后，结合南京地铁 3 号线周边环境的自身特点，提出符合其整体形象的装饰手法。

目前，国内外地铁空间室内整体形象风格规划常见的手法有 3 种：一线一景、一站一景、一区一景。

(1) 一线一景。所谓"一线一景"，是指在地铁空间规划设计中强调一条线的共性，用一种元素或一种手法把各个不同的站点统一起来，体现出一种风格或一种意蕴。其优点是整条线路风格统一，整体性强，材料尺寸大都一样，便于集中采购，工业化操作方便，也便于维护；其缺点是如果过度强调统一的做法，则会占用过多个性发挥的空间，站点间的重复使地下空间显得单调乏味。

(2) 一站一景。所谓"一站一景"，是指在地铁空间规划设计中强调个性，把每个站点不同于其他站点的地方挖掘出来并在装修设计中予以重点体现。其优点是每个站点主题性强，个性突出，给人印象深刻；其缺点是不容易形成整条线路的统一性，材料规格不统一，不容易集中采购，工业化程度低。

(3) 一区一景。所谓"一区一景"，是指在轨道交通规划设计中按照城市行政规划区域，以区域为单位划分整条线路。其优点是区域特征明显，易于识别，利于本区域特色的表现，能够解决换乘站的装修设计风格统一问题；其缺点是需要通过统一的导向标识、材料模数、基本色彩来完善，对以后规划中的线路的材料统一采购有影响。

通过对以上 3 种常见地铁空间形象规划设计手法的优缺点分析，结合南京地铁 3 号线经过区域周边的地域文化特点，我们提出将多种设计手法结合起来的形象规划设计思路，见表 7-1。

表 7-1　多种地铁空间形象设计手法综合运用

糅合手法	实现方法	优　点	缺　点
在一线一景中穿插一站一景	在全线基本装饰风格材料统一的情况下，在重点站采用个性的设计手法，体现一站一景	高效易操作，材料采购统一，有利于节约造价和日后的运营维护，同时给重点站的个性装饰预留了较大的预算空间	在标准站中，不同区块划分不明显
在一区一景中穿插一站一景	在不同区域内分别采用不同的装饰手法和材料，体现出各个区域的风韵，并在重点站内采用个性手法表现一站一景	区域特性体现明显，并且能够展现出重点站的个性	由于各个区域做法不统一，所以造价最高
3 种手法相结合	全线的装饰风格形式上进行统一，但是在各区域采用不同的材料或色彩体现一区一景，并且在重点站的部分区域采用个性化的装饰来体现一站一景	整体和个性均有一定程度的体现，设计手法比较具有弹性	施工造价略高

经过对多方面因素的综合考量（图 7.4），南京地铁 3 号线整体形象设计综合采用了以上 3 种手法。全线采用统一的装饰风格，以"红楼梦"为装饰设计主题，在主城区与江北江宁区域的局部装饰色彩进行改变，从而划分出不同的区域；另外，对几个重点车站的吊顶及艺术墙等区域进行个性化的装饰与设计，从而实现既统一又富有个性的设计效果。

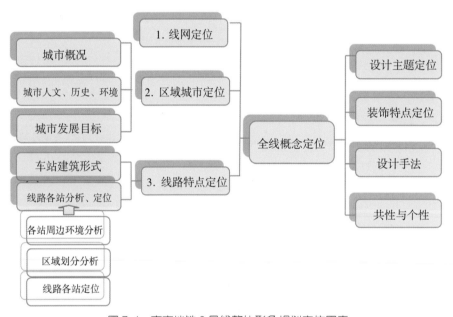

图 7.4　南京地铁 3 号线整体形象规划定位因素

7.4　装修系统设计定位

由于南京地铁 3 号线站点众多，为了保持统一的车站形象及工业化、模块化、标准化的设计需要，要对全线的装修系统进行统一的设计定位。装修系统的设计定位，首先，要明确南京地铁 3 号线的线路识别色为绿色；其次，对全线 29 个站点进行分析定位，分为重点站、典型站和标准站几种不同的级别，并对其相应的站点装饰设计进行分级和分类；最后，通过对材料尺寸性能造价等多面的综合分析，找出适合地铁线路各区段的主材和主要的模数划分形式。通过对材料性能造价等多面的综合分析，找出适合地铁线路各区段的主要装饰材料。

7.4.1 站点分析

根据南京地铁 3 号线室内功能和装饰需求的整体分析，将室内部分的装饰等级分成 3 类。A 重点站：装饰设计最丰富，所用材料和施工方法均档次较高，能够适应高人流的站点可能出现的各种情况；B 典型站：所用材料不一定是档次最高的，但装饰风格比较鲜明，能够鲜明地体现站点所处位置周边重要的人文环境；C 标准站：装饰风格统一，尽量采用模块化工业化的装饰材料，突出效率，控制成本。其中，重点站和典型站的标准既要考虑车站建筑本身规模与功能，又要考虑其地域文化在本线的文化性表达；标准站主要从整条线的形态、标识色进行统一表达，局部根据各站特色进行变化。

【南京地铁 3 号线各站点基本情况梳理】

可以通过 3 个指标对站点等级进行分析：周边环境与人流密度、是否换乘站、站内建筑空间。重点站周边往往是汇聚人气的商业中心，人流密集，通常作为换乘车站，站内空间较为开阔，留给商业开发的面积较大；典型站通常位于城市旅游景区附近，是外地旅游者的首选区段，人流趋向集中，地块特征明显，高峰时段人流较大，能够体现城市历史或时代风采；标准站空间比较统一，站厅站台形式大致相同，人流稳定，一般不会有很大的密集人流。

7.4.2 装饰界面模数分析

装饰界面模数的选择与确定需要根据建筑本身预留的装饰界面尺寸、材料工业化生产的常用尺寸、模数排版在空间中的版面效果、与其他材料接口时留有的调整余地等方面来确定。根据装饰界面的不同，可以分为墙面模数、地面模数、顶面模数。

1. 墙面模数

墙面模数一：主面板 900mm×1800mm，上下压边 200mm，在其中穿插 450mm×1800mm 模数丰富版面，并为专业接口预留调整余地（图 7.5～图 7.8）。此模数尺寸较小，版面适应能力强，而且可以在不增加造价的情况下适当做出变化，但同样由于版面尺寸小，很难形成较大空间中所需要的大块面整体效果，所以比较适合在标准站中使用。纵向为主的排列版面变化丰富，功能适应性强，横向排列比较有古城风韵，功能的适应性弱，任何变化均会破坏版面的完整。

图 7.5 900×1800 面板横向排列模数（单位：mm）

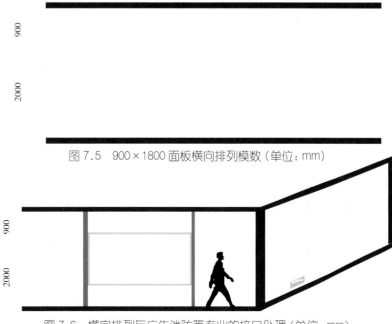

图 7.6 横向排列与广告消防等专业的接口处理（单位：mm）

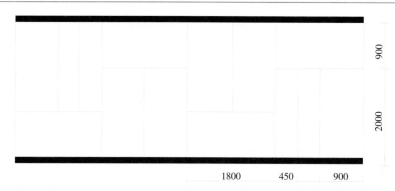

图 7.7　900×1800 面板纵向间隔排列穿插 450×1800 模数（单位：mm）

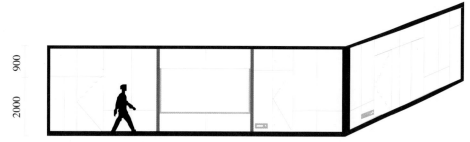

图 7.8　纵向排列与广告消防等专业的接口处理（单位：mm）

墙面模数二：主面板 1000mm×2700mm，上下压边 200mm，在其中穿插 450mm×2700mm 模数丰富版面，并为专业接口预留调整余地（图 7.9 和图 7.10）。此模数尺寸大气，在大空间中排布整体效果好，但材料价格普遍较高，且需要大空间才能体现效果，所以适合在重点站和典型站中使用。

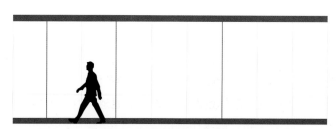

图 7.9　1000×2700 面板竖向排列模数（单位：mm）

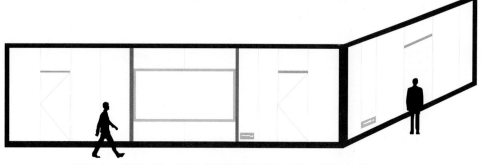

图 7.10　穿插 450×2700 模数调整与各专业接口处理（单位：mm）

墙面模数三：主面板1000mm×3000mm，在其中穿插500mm×3000mm模数丰富版面，并为专业接口预留调整余地（图7.11）。此模数尺寸较特殊，专为站内层高较高的站点设置，通过组合可以满足站厅层高达4m以上的空间需求，模数组合丰富，适应力较强。

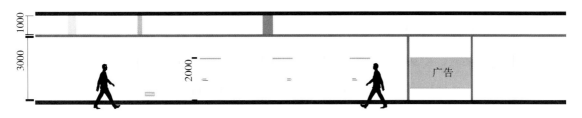

图7.11　1000×3000面板穿插500×3000模数组合（单位：mm）

2. 地面模数

地面模数一：大块地面600mm×900mm，以200mm宽为围边宽度（图7.12）。此模数属于常见模数，工业化生产货源组织容易，供货充足。在空间透视中视觉效果较好，通过排布变化可简单组合出适合1200mm宽、1800mm宽、2400mm宽等多种整板铺装尺寸，减少材料切割的浪费，耗材率较低。规则排布是最节省材料的做法，同时，因为齐缝所以大空间内可以有更好的整体效果，因此适合多数站点使用。

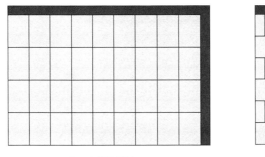
大面积规则排布

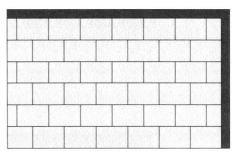
大面积错缝排布

图7.12　600×900地面排布（单位：mm）

地面模数二：大块地面900mm×900mm，以200mm宽为围边宽度（图7.13）。此模数也属于常见模数，供货等方面也无大问题，大空间排布整体效果好。但是，单块板面面积稍大，材耗较高，对不同尺寸空间的适应性较差。例如，小通道1800mm宽或大通道4500mm宽就无法整板铺装，需裁切。规则排布方法较错缝法更节省材料，同时，因为齐缝所以大空间内可以有更好的整体效果。

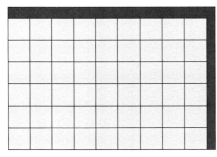
大面积规则排布

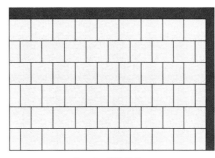
大面积错缝排布

图7.13　900×900地面排布（单位：mm）

3. 顶面模数

图 7.14 所示为标准地下站单排柱空间建筑剖面图，从图中可以看出在站台层和站厅层的中部虽然有梁，但是并没有大型设备通过。在重点站和典型站空间中，如果管线可以对室内造型有所配合的话，在顶面的这个部分就可以做一些比较个性化的造型设计，而在标准站顶面两侧的大部分地区，则主要采用工业化和模块化的平面设计，从而降低工程预算，如图 7.15 所示。

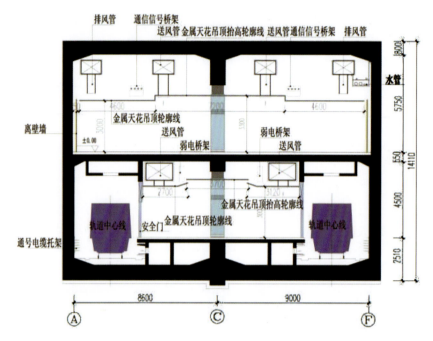

图 7.14　标准地下站单排柱空间建筑剖面图

图 7.15　重点站、典型站与标准站拟采用的顶棚设计形式

根据常用顶棚材料及其模数，进行大面积平面铺装特点分析与铺装效果见表7-2。

表7-2 顶面模数设计

材料名称	模数尺寸	特点分析	铺装效果
穿孔平板平面铝板	600mm×1500mm 600mm×1800mm 1200mm×1200mm	方板型块面模数有利于在后继的设计深化中做出图案等变化	
"U"形挂板模数挂板	250mm宽、间隔150mm 300mm宽、间隔200mm 500mm宽、间隔500mm	线型材料可以与面型材料相互搭配达到设计效果，250mm宽、间隔150mm材料性价比较高	
垂片（条形挂板）	间隔200mm或150mm	条形挂板本身视觉厚度较低，布置过于疏松，顶面管线暴露过多，影响设计效果	

7.4.3 材料设计与选择

针对不同的站点级别及空间界面装饰的需要，对不同的材料性能及造价进行综合分析比对，从而找出适合地铁线路各区段公共区域的主要装饰材料，见表7-3~表7-5。

表7-3 墙面材料比选

材料名称	材料构造	物理性能			加工难度			安装难度		综合效果		材料主要特征概述	推荐使用站点类型
		硬度	密度	耐冲击	耐久性	工厂加工	现场加工	弧板加工	施工安装	维修更换	视觉效果	经济指标		
搪瓷钢板	钢板表面搪瓷蜂窝板背衬板	优	良好	优秀	优秀	优秀	一般	一般	良好	良好	优秀	较高	质量大，强度高，安装维护相对简单，外观效果好；造价较高	重点站典型站
烤瓷铝板	铝板表面烤瓷硅酸钙背衬板	良好	一般	优秀	优秀	优秀	一般	一般	良好	良好	优秀	略高	质量大，强度高，安装维护相对简单，外观效果好；造价较高	典型站
无机预涂板	12mm厚高密度水泥纤维板	良好	一般	良好	良好	优秀	优秀	优秀	优秀	优秀	优秀	适中	质量较轻，强度高，安装维护相对简单，表面高强涂层，外观效果较好；造价便宜	标准站
干挂瓷砖	干挂件预装	良好	良好	良好	良好	优秀	优秀	一般	优秀	优秀	优秀	略低	质量较轻，强度较高，安装维护方便，外观效果良好；耐冲击稍差	标准站

表 7-4 地面材料比选

材料名称	材料构造	物理性能			加工难度			安装难度		综合效果		材料主要特征概述
		硬度	密度	耐冲击	耐久性	工厂加工	现场加工	弧板加工	施工安装	维修更换	视觉效果	经济指标	
花岗石板	花岗石地面	优秀	优秀	优秀	优秀	优秀	良好	一般	良好	良好	优秀	适中	天然材料,装饰效果强,有色差,质地坚硬,耐磨,易渗水渗色
人造石板	人造石地面	良好	良好	良好	优秀	优秀	良好	一般	良好	良好	良好	略高	以石料、不饱和树脂或水泥为主要原料,色差小,不易渗水渗色,耐久稍差
商用地面	地面玻化砖	一般	一般	一般	一般	优秀	优秀	优秀	优秀	良好	一般	略高	颜色及纹理丰富,以亚光效果为主,耐磨
盲道	陶瓷地板砖	良好	良好	良好	良好	优秀	优秀	优秀	优秀	优秀	良好	适中	质量轻,强度较高,色彩丰富,外观效果较好;纹理单一,耐冲击稍差

表 7-5 顶面材料比选

材料名称	材料构造	物理性能			加工难度			安装难度		综合效果		材料主要特征概述	推荐使用站点类型
		硬度	密度	耐冲击	耐久性	工厂加工	现场加工	弧板加工	施工安装	维修更换	视觉效果	经济指标		
多孔铝板	铝合金穿孔板	良好	优秀	良好	优秀	优秀	一般	一般	优秀	优秀	优秀	适中	表面分布有规律的圆孔,满足地铁站天花漏空率要求,效果精致质量轻,安装简便	重点站典型站标准站
模数格栅	铝合金	良好	优秀	良好	优秀	优秀	良好	一般	良好	优秀	良好	适中	方型规格,质量轻,安装简便	
"U"形挂板	"U"形铝质	良好	优秀	一般	优秀	优秀	优秀	良好	优秀	优秀	优秀	适中	样式纹理变化丰富,可组合,满足地铁站天花漏空率要求,质量轻,安装简便	重点站典型站
垂片	铝质单片	一般	优秀	较差	优秀	优秀	良好	良好	良好	优秀	一般	略低	样式纹理变化丰富,满足地铁站天花漏空率要求,质量轻,安装简便	标准站

7.4.4 照明设计定位

根据地铁站点定位,包括人流量、各站点所处位置、经济发展状况需求、各个站点的建筑结构特点等方面,车站空间照明依次规划为光彩级、亮化级、控制级。照明设计依据层次进行高低划分,见表 7-6。

表 7-6　地铁站空间照度标准　　　　　　　　　　　　　　　　　　单位：lx

区　域		光 彩 级	亮 化 级	控 制 级
入口	水平面	300～250	200～150	150
	垂直面/墙	250～150	200～150	100
通道、连接区	水平面	200～150	150～100	100
	垂直面/墙	150	100	80
站厅层	水平面	300～250	250～200	200
	垂直面/墙	200～150	150～100	100
	垂直面/立柱	150～100	100	80
售票处	水平面	300	300	300
问讯处	水平面	300	300	300
检票	水平面	300	300	300
扶梯	水平面	200	150	80
站台层	水平面	250～200	200～150	150
	垂直面/墙	200～150	150～100	100
	垂直面/立柱	150～100	100	80

从上表中可以看出，地铁空间内由于其功能分区不同，对于照明设计的要求也是不同的，所以应该分区域进行设计。出入口区域要求提供明亮舒适的照明环境，令视觉尽快适应（由地面进入地下），从而减少不适感，易采用色温高、显色性好的光源。在照明的设计上通过合理的空间照度分布，产生亮度上的变化，使整个空间环境具有一定的指向性，方便乘客通行。对于通道区域在照度强度分布上要合理地利用广告照明，同时注意防止照度偏低带来的空间上的安全问题。站厅层、站台层及转换层属于大空间，需要大面积的照明以保证良好的照度水平及均匀度，同时还要考虑节能和环保。重点强调安全门单侧区域垂直照度、站台层至站厅层转换区照度及空间装饰艺术照明设计，从而产生空间照明的层次感。另外，对于公共设施也应重点考虑照明问题，包括售票处、问讯处、电话亭、书报亭等。公共设施的照明应结合设施功能考虑，在保证亮度的同时不能干扰设施的正常使用，视觉上要保持良好的连续性和统一性，不宜孤立地进行各自照明。

7.5　公共艺术设计

地铁空间中公共艺术的设计存在于地铁室内外空间的方方面面，是一个有机结合的整体，围绕特定的环境主题，与环境装饰相融合，共同营造出统一的环境氛围，给乘客带来美好的环境体验。公共艺术的表达主题内容可以从几个方面进行考虑，如历史、风情、人物（现代、古代名人或老百姓）、物产（文物）、城市标志性景观或建筑、地块特征（如风景名胜区周边）等。表 7-7 总结出了地铁空间中公共艺术的主要表现位置与表现形式。

表 7-7 地铁空间中公共艺术表现位置与形式

空间位置	具体位置	表现形式	图例
室外	地面附属建筑（出入口、风亭）	具有设计感的建筑造型与质感的材质肌理	
	环境景观艺术设计	地铁口周边环境 地面铺装与绿化设计 环境设施或雕塑设计	
室内	墙面	艺术墙、墙面装饰材料及色彩设计	
	柱面	柱面色彩、图案、材质、造型装饰设计	
	地面	拼花、装饰	
	顶面	顶面艺术造型、灯饰	
	站厅层或站台层空间	雕塑、装置、环境设施	

7.6 地铁空间商业系统规划

地铁空间商业系统主要包括商铺和广告媒体两大类。其中，商铺又分为车站内部商铺与接驳外界的联体商城或商业区；广告媒体按照不同的位置可分为车厢广告、车站室内广告、出入口广告、户外广告等，按照表现形式可以分为灯箱广告、贴附式广告、展柜广告等。

地铁建筑的站厅空间内，在不影响车站正常运营的情况下，且站厅非付费区域有足够空间的情况下，可以根据空间大小和空间结构设置小型商业铺位。商铺外观以整体简洁为主，招牌需统一要求。在站厅空间不是很充足的情况下，设置自助设施。付费区域内也可适量设置商业区域，如岛式站台的三角房区域、侧式站台设置嵌入式自助设施等。一般常见的自助设施有自助售货机、自助报纸机、自助查询机及 ATM 机等。地铁站联体商城的开发是轨道交通商业发展的重点和方向，随着地铁线路的开发，沿线最终将形成购物、娱乐、餐饮、公交换乘为一体的宜居社区。

地铁广告媒体的设计以人流动线为依据，以符合视觉停留点为设置原则。站内广告以灯箱广告为主，配合贴附式、活动式等广告形式，灵活多变。在通道墙面上，可将灯箱式与贴附式广告充分结合，设置整幅面的超长广告，色彩艳丽、画面生动的广告不仅具有极佳的广告效应，而且能丰富墙面效果，可以调节过长通道的沉闷气氛。出入口梯旁的广告设置，可以利用垂直交通的特点，多设置方便更换的广告看板。站厅层至站台层扶梯梯眉广告以灯箱广告为主，设计形式依据梯眉大小而定。站厅功能复杂，人流交错，导向标识较多，宜少量设置颜色单纯的公益宣传广告。站台层广告效应较佳，可大量设置商业广告。轨道侧墙通常设置大型灯箱式广告，其色彩明亮绚丽，造型丰富。也可结合屏蔽门或安全门设置贴附式广告，强化广告效应。图 7.16 所示为地铁站内的广告媒体设置。

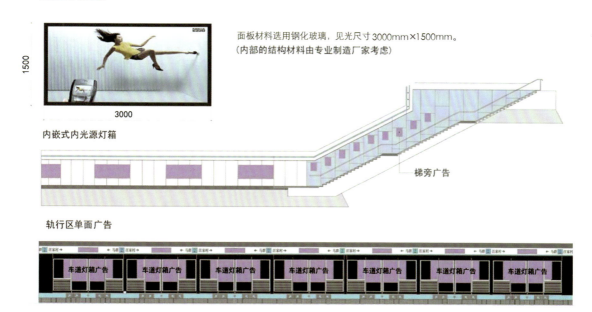

图 7.16　地铁站内的广告媒体设置

7.7 设计成果

7.7.1 南京地铁 3 号线整体形象规划

南京地铁 3 号线室内空间装饰设计按照前期整体形象规划定位综合采用了 3 种设计手法。首先，在"一线一景"设计手法的主导下，对全线的装饰风格形式进行统一。其次，将全线分为新城区和老城区，分别采用不同颜色的装饰材料体现"一区一景"，老城区车站采用金色龙骨及收边，装饰中更多强调南京六朝古都文化韵味的营造，新城区车站则采用灰色龙骨及收边，装饰造型上也更加简洁与现代。将南京站站、鸡鸣寺站、大行宫站、常府街站、夫子庙站、武定门站、雨花门站、卡子门站 8 个车站划分为重点站，将浮桥站设定为民国特色主题站。在重点车站内，主要通过个性吊顶的变化来强调其装饰性，形式上更具古典韵味。最后，配合重点车站的艺术墙设计来体现"一站一景"。标准车站的吊顶则以更为简化的形式进行处理，体现简约和现代。不同区域车站室内空间设计效果图如图 7.17 和图 7.18 所示。

图 7.17　老城区车站室内装饰色彩与吊顶造型设计

图 7.18　新城区车站室内色彩与吊顶造型设计

7.7.2 南京地铁 3 号线室内装修设计

室内装修设计主要是指依据装修系统设计定位及装饰材料模数，对顶面、地面、墙面及柱面的装饰与设计。墙面装修结合各个车站的建筑形式，以经济适用、美观大方为原则，对全线各车站墙面的用材及模数进行深入研究，最终形成较为稳妥的解决方案。在地面装修方案中，全线车站中仅浮桥站和南京站站作为重点站在地面拼花中作重点处理，其他车站均以功能为导向，作简化处理。全线车站的吊顶设计在满足简与繁、虚与实的形式对比的基础上，与建筑院各专业进行紧密的沟通与协商，将吊顶形式与顶面各设备紧密结合在一起，在造型上充分考虑到设备接口问题，从而保证顶面造型的完整性及可实施性。站台层的个性吊顶设计在呼应站厅层形式的基础上，结合实际情况稍作变化。

1. 墙面装修设计

根据站点类别的划分及不同的空间区域，分别选择不同的墙面装饰材料，并根据不同的层高及区域位置，对墙柱面模数进行深化设计，见表 7-8 和表 7-9。

表 7-8 车站站厅公共区域墙面材料与模数

序号	墙面材料	车站	选材依据
1	搪瓷钢板	南京站站、大行宫站、夫子庙站、鸡鸣寺站、卡子门站、泰冯站、天元西路站	人流量大 部分车站层高较高
2	烤瓷铝板、搪瓷钢板	胜太西路站、九龙湖站、秣周东路站、上元门站、五塘广场站、小市站、新庄站、常府街站、武定门站、雨花门站、大明路站、明城大道站	新区有坡站 老城区站
3	瓷砖	林场站、星火路站、东大成贤学院站、天润城站、柳州东路站	江北新城区

续表

序号	墙面材料	车站	选材依据
4	人造石	诚信大道站、东大九龙湖校区站	江宁新城区

3200mm 标准层高 人造石墙面

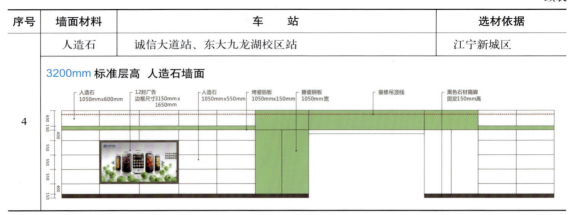

表 7-9　车站通道区域墙面材料与模数

序号	墙面材料	车站	选材依据
1	花岗石	南京站站、大行宫站、夫子庙站、鸡鸣寺站、卡子门站、泰冯站、天元西路站、上元门站、五塘广场站、小市站、新庄站、常府街站、武定门站、雨花门站、大明路站、明城大道站、胜太西路站、诚信大道站、东大九龙湖校区站	人流量较大的车站 老城区站 带有无盖出入口的车站
1	人造石	九龙湖站、秣周东路站	江宁新区站

2700mm 通道 花岗石/人造石墙面

序号	墙面材料	车站	选材依据
2	瓷砖	星火路站、东大成贤学院站、天润城站、柳州东路站	江北新区站

2700mm 通道 瓷砖墙面

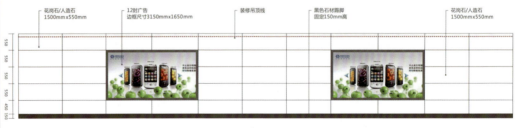

2. 地面装修设计

铺地采用石材以南京地铁 2 号线 600mm×900mm 的标准模数为主。全线车站以浮桥站和南京站站作为重点车站，地面铺装采用拼花设计，并强调与顶面的呼应关系。其他车站则以功能设计为目的，稍做变化。这几处车站的设计效果如图 7.19～图 7.21 所示。

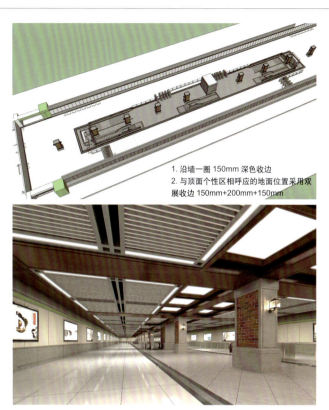

1. 沿墙一圈 150mm 深色收边
2. 与顶面个性区相呼应的地面位置采用双展收边 150mm+200mm+150mm

图 7.19　浮桥站地面铺装设计

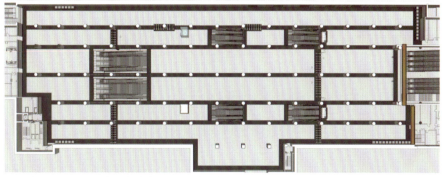

1. 沿墙一圈 1400mm 宽深色收边　2. 沿柱子轴线利用拼色进行分割打破单调的地面（1400mm）
3. 沿闸机、人工售票亭、楼扶梯处设置拼色、提示功能

图 7.20　南京站站地面铺装设计

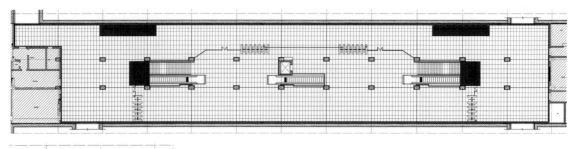
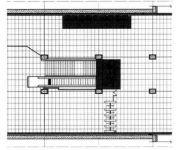

1. 沿墙一圈 150mm 宽深色收边　　2. 在闸机、人工售票厅、自动售票机处设置拼色、提示功能　　3. 拼色的位置还增加了 100mm 宽收边，凸显精致

图 7.21　其他车站地面铺装设计

7.7.3　车站内共有元素深化设计

1. 人工售票厅的基本形式

标准站与重点站均采用半高形式设计，选材以人造石、铝板、玻璃为主，江宁新区与江北新区以银灰色金属收边，老城区以金色金属收边，与室内整体的色彩搭配协调统一，凸显文化韵味，如图 7.22 所示。

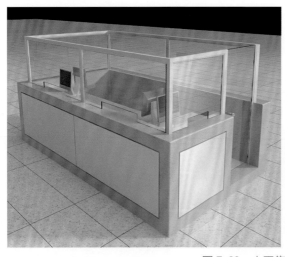
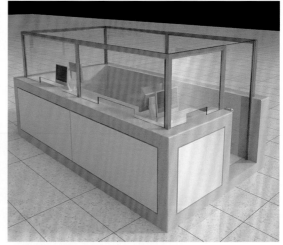

图 7.22　人工售票厅的基本形式

2. 垃圾箱的基本形式

垃圾箱沿用 2 号线垃圾箱的基本形态，但是从人性化设计的角度出发进行了优化，使垃圾分类的标识更加明显，并在出入口位置增设的垃圾桶上附带灭烟器，方便乘客使用，如图 7.23 所示。

2号线垃圾箱　　　　　　　　　　　　3号线垃圾箱的优化设计

图 7.23　垃圾箱的基本形式

3. 楼梯口防护栏杆的基本形式

老城区采用实心栏杆的设计，主体采用石材，林场站作为唯一的高架车站，也采用实心栏杆的形式，新城区采用玻璃防护栏杆的做法，在踢脚收口处进行了改进，与柱面踢脚相呼应，如图 7.24 所示。

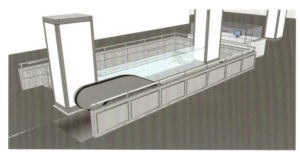

老城区与林场站楼梯口护栏　　　　　　　　　新城区楼梯口护栏

图 7.24　楼梯口防护栏杆的基本形式

4. 站台三角房的基本形式

楼梯洞口与三角房采用花岗岩或人造石材饰面，老城区站可采用中国传统的建筑元素进行局部装饰，体现出南京的古城文化韵味，新城区站则以简约的设计造型为主，如图 7.25 和图 7.26 所示。

图 7.25　老城区站台三角房的基本形式

图 7.26　新城区站台三角房的基本形式

7.7.4　南京地铁 3 号线艺术墙设计

【南京地铁 3 号线艺术墙设计方案】

南京地铁 3 号线以"红楼梦"为艺术墙的创作主题，结合地铁沿线的文化背景与地域特征，在全线的 29 个车站中选取了 9 个重要车站分别设计布置了太虚幻境（五塘广场站）、元春省亲（南京站站）、品茗（常府街站）、金陵十二钗（大行宫站）、除夕夜宴（夫子庙站）、湘云眠芍（武定门站）、黛玉葬花（雨花门站）、大观园（卡子门站）、菊花诗社（九龙湖站）9 个具有代表性的经典场景，采用马赛克、石材浮雕、艺术玻璃等艺术表现手法，并配合车站室内吊顶造型及空间色彩的渲染，营造出六朝古都南京的儒雅气质。具体设计方案如图 7.27～图 7.35 所示。

图 7.27　太虚幻境（五塘广场站）

图 7.28　元春省亲（南京站站）

图 7.29　品茗（常府街站）方案二

图 7.30　金陵十二钗（大行宫站）

图 7.31 除夕夜宴（夫子庙站）

图 7.32 湘云眠芍（武定门站）

图 7.33 黛玉葬花（雨花门站）

图 7.34 大观园（卡子门站）

图 7.35 菊花诗社（九龙湖站）

7.7.5 设计图纸与效果图

按照空间整体设计形象定位规划，将站厅层的设计作为空间设计的重点，站台层空间的吊顶及地面、墙面的装饰与站厅层保持一致，并按照江宁片区、老城区及江北片区不同区域各个站点的定位进行设计。

1. 江宁片区各站点站厅层设计效果图

江宁片区各站点站厅层设计效果图如图 7.36～图 7.41 所示。

【天元西路站设计CAD图纸】

图7.36 天元西路站站厅层设计效果图

图7.37 秣周东路站站厅层设计效果图

图7.38 东大九龙湖校区站站厅层设计效果图

图 7.39　诚信大道站站厅层设计效果图

图 7.40　九龙湖站站厅层设计效果图

图 7.41　胜太西路站站厅层设计效果图

2. 老城区各站点站厅层设计效果图

老城区各站点站厅层设计效果图如图 7.42～图 7.55 所示。

图 7.42　明发广场站站厅层设计效果图

图 7.43　大明路站站厅层设计效果图

图 7.44　卡子门站（重点站）站厅层设计效果图

图 7.45　雨花门站（重点站）站厅层设计效果图

图 7.46　武定门站（重点站）站厅层设计效果图

图 7.47　夫子庙站（重点站）站厅层设计效果图

图 7.48 常府街站（重点站）站厅层设计效果图

图 7.49 大行宫站（重点站）站厅层设计效果图

图 7.50 鸡鸣寺站（重点站）站厅层设计效果图

图 7.51 新庄站站厅层设计效果图

图 7.52 南京站站（重点站）站厅层设计效果图

图 7.53 小市站（重点站）站厅层设计效果图

图 7.54　五塘广场站站厅层设计效果图

图 7.55　上元门站站厅层设计效果图

3. 江北片区各站点站厅层设计效果图

江北片区各站点站厅层设计效果图如图 7.56～图 7.61 所示。

图 7.56　柳州东路站站厅层设计效果图

图 7.57　天润城站站厅层设计效果图

图 7.58　泰冯路站站厅层设计效果图

图 7.59　东大成贤学院站站厅层设计效果图

图 7.60　星火路站站厅层设计效果图

图 7.61　林场站站厅层设计效果图

项目 8　火车站空间设计
——苏州火车站改造工程设计

随着我国高速铁路建设事业的快速发展，原有的火车站已经不能满足铁路运营的需要，所以对老旧火车站进行改造设计显得十分有必要。在注重建筑造型艺术美感和地域特色的基础上，现在的火车站建筑内部的候车环境也有了很大的提升和改善，配套设施丰富齐全，候车大厅整洁干净、宽阔明亮。本项目以苏州火车站改造工程为例介绍火车站空间的设计思路与方法。

8.1　项目概况

苏州是我国最为繁忙的交通走廊——沪宁通道的主要客源点，京沪铁路和沪宁城际轨道交通线均在这里通过。新苏州站是一座集铁路、城市轨道交通、城市道路交通换乘功能于一体的现代化大型交通枢纽，是苏州市级中心的重要组成部分。该车站南临北环路及护城河，北靠平江新城，东西两侧分别是人民路和广济路，城市公交配套设施正在逐步完善。

本项目由中国建筑设计研究院崔恺率领的设计团队设计完成，体现了"以人为本，以流为主"的理念，上进下出，通过式与等候式车站相结合的高架站房成为苏州最大的"桥"，连通古城与新区。车站内部空间模式现代高效，建筑形态延续城市肌理和文脉，创造出"苏而新"的精品建筑，如图8.1所示。该车站体现生态、绿色、环保、节能和可持续发展的理念，折板

图 8.1　新苏州站设计理念图

屋顶系统为太阳能的利用提供了基础，是"四节一保"（节能、节地、节水、节材和环境保护）的绿色车站。

老站房为线侧平式车站，车站中心位于既有普速站台中心处，总建筑面积12000m²。由于既有普速基本站台保持不变，而且在上海端还存在尽头式到发线1条，所以将站位东移过多会导致旅客行走距离增加和影响基本站台功能等问题。

新站房考虑节省用地和便捷沟通南北广场的需要，设计了高架站房形式。新建车站中心位于老站房中心东侧30.7m处，适当地东移车站，相应地扩展了南广场西部用地瓶颈。另外，城际站台中心和普速站台的中心重合，将城际站场和普速站场调整为中心对称，使站房布置、旅客行走距离均衡合理。

由于新站房南站房的位置与老站房重叠，而老站房的体量、平面布置与新建站房相差较大，所以按标书要求，考虑对老站房进行拆除。车站建设按分期实施考虑，前期采用老站房进行过渡。老站房虽然建成时间不长，但建筑形态较好，因此，在新站房的建筑形态设计中，有意吸取和提炼了老站房的一些建筑手法，如檐口的形态、内院空间的形态等，既是对老站房一些优秀设计元素的继承，也是对苏州地方建筑风格的反映。图8.2所示为原苏州火车站建筑。

图8.2　原苏州火车站建筑

8.2　总体规划

8.2.1　城市交通路网规划

北环快速路东起人民路东侧、西至广济路西侧，并从这两处开始下穿，穿越整个苏州站南广场后，分别连接东、西环立交。在整条北环快速线上，有多个南北城区的接驳点。北环辅路部分与南广场沟通，部分从南广场下穿越。广济路在过站场处为高架上跨，人民路在过站场处为下穿形式。苏站路和车站北广场平接，北环快速车流均顺畅进入车站南北广场的交通系统。火车站周边交通路网规划如图8.3所示。

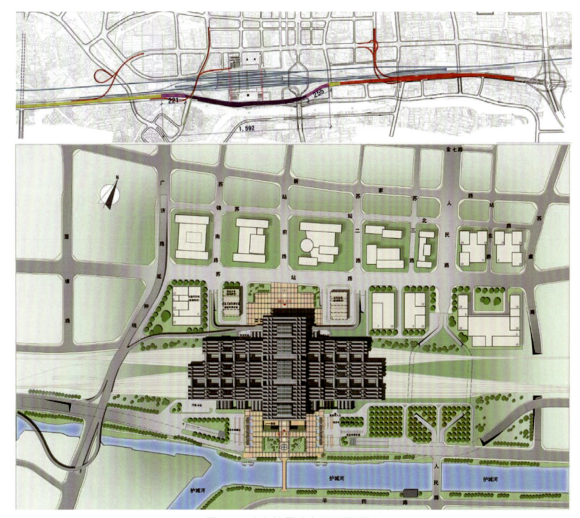

图 8.3　火车站周边交通路网规划

8.2.2　总平面布局

改建后的苏州站位于新、老区交界的老站房位置，南临古护城河风景带，北接蓬勃发展的平江新城商业金融中心区。火车站近期为南北并重、共同承担旅客进出站功能，远期将逐渐形成北主南辅的局面。其总体布局规划如图 8.4 所示。

设计采用高架站房形式，旅客在高架候车区直接进站乘车，既提高了旅客搭乘效率，又可对南北广场侧站房规模进行压缩，减少了用地，增大了广场空间。主体站房对称布置在铁路站台中心线上，南广场西侧是公交停车和行包停车场，中部是步行广场，东侧是出租车落客区、社会停车场和贵宾停车场。北广场采用高架进站形式，地面结合商业用房，设公交车和长途车停车场。南广场河岸架设一座通向古城的景观桥，将车站和古城临河的商业街连通，不仅改变传统车站商业的模式，而且提升了车站周边土地的商业价值。在广场临河的两侧，对原游船码头的功能进行完善，为旅客往返于车站和古城之间提供了轻松便捷的交通方式。其总平面图如图 8.5 所示。

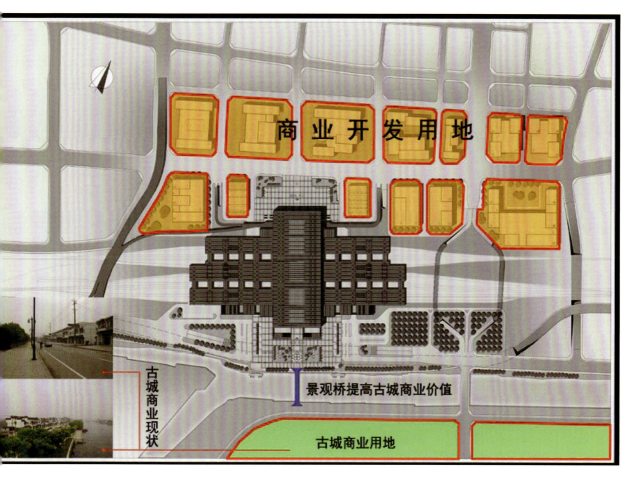

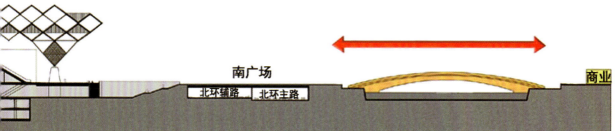

图 8.4　总体布局规划

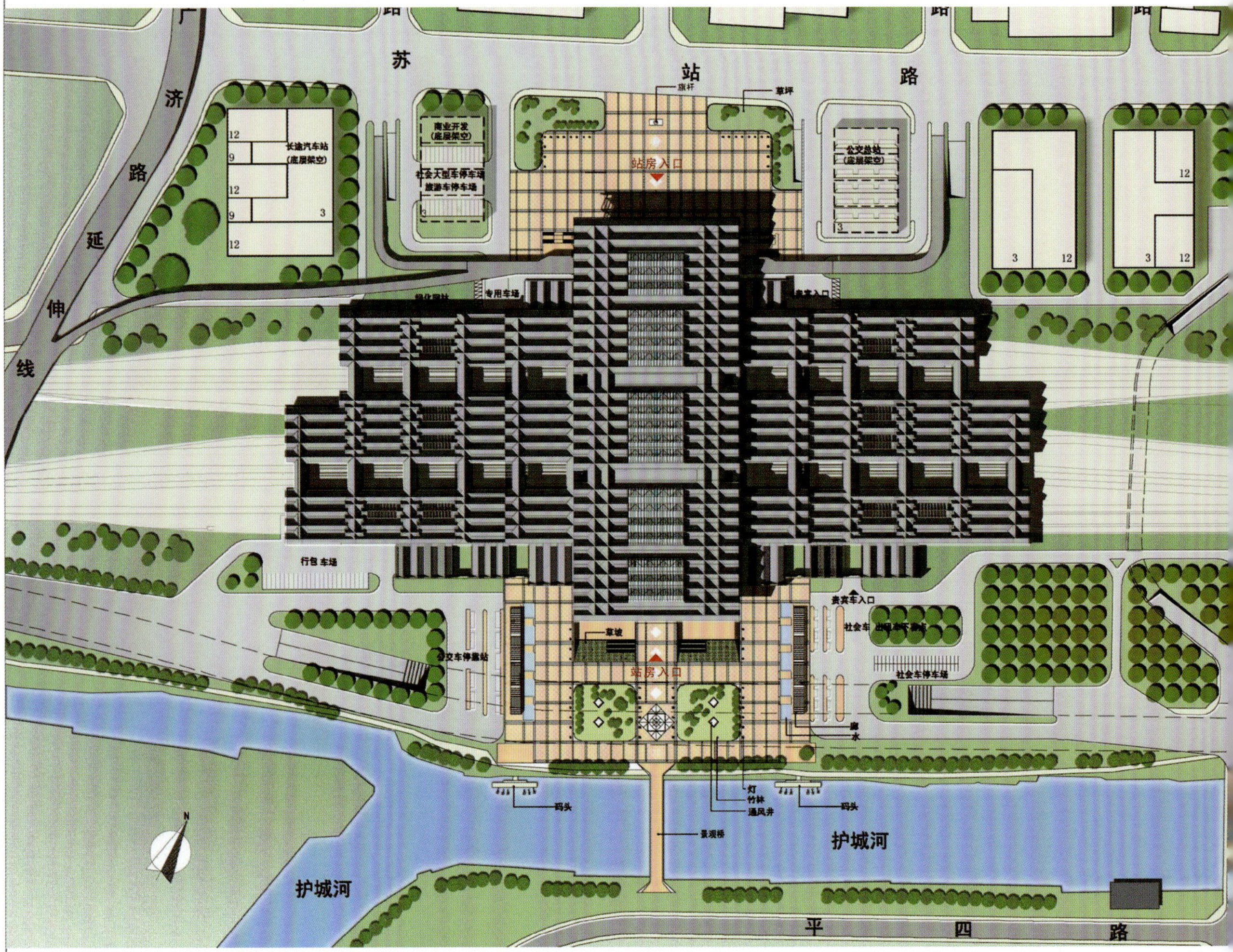

图8.5 总平面图

8.2.3 景观与绿化设计

环境与景观设计集中体现出建筑景观一体化的理念,景观从建筑延伸到南、北广场的网格铺地中,镶嵌景墙、休息廊、水池和竹林,两组游船码头分别对称布置在广场中轴线两侧,家具、灯具、小品、水景为旅客营造了优雅的休憩场所。通向古城的步行景观桥,将站房、广场和护城河风景带连成整体。

南广场对称布置了面向古城的绿地。草坡向地下延伸,下沉的庭院将阳光和清风带进半地下的出站大厅。北广场对称布置的绿地也向城市开放。火车站的景观与绿化设计如图8.6所示。

图8.6 景观与绿化设计

8.2.4 外部交通组织

火车站外部交通组织主要是车站南广场和车站北广场。

（1）车站南广场：公交车由北环辅路进出，在广场西侧地面上设置首末站。社会车和出租车落客区设在广场东侧地面。地下出站厅两侧是社会车停车场和出租车载客区，与北环辅路共用出入口。贵宾车停车场设在广场东侧的地面，并紧邻贵宾候车室。

（2）车站北广场：公交车停车场集中设置在广场东侧地面，大型社会车辆、长途车和旅游车在广场西侧进出。社会车和出租车在高架平台落客，停车场、载客区在广场地下紧邻出站厅布置。出站旅客在地下可直接进入地铁入口离站。贵宾车经贵宾专用通道进入基本站台或贵宾候车室。辟有两条通道连通南、北地下停车场。

火车站区域交通分析如图8.7所示，各种车流交通流线分析如图8.8所示。

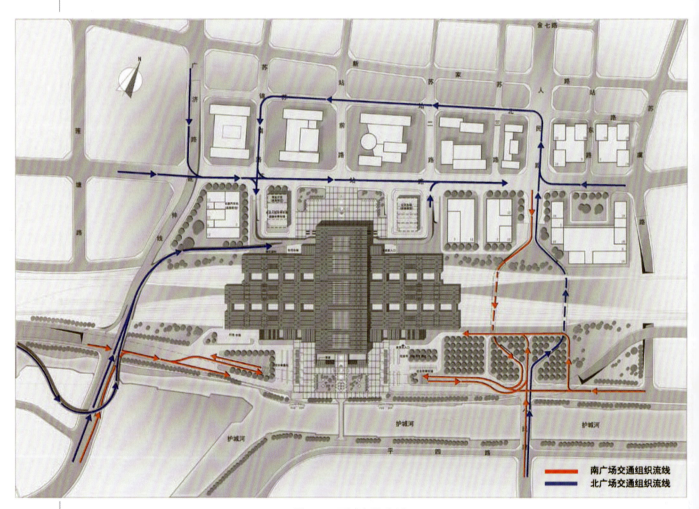

图8.7　区域交通分析

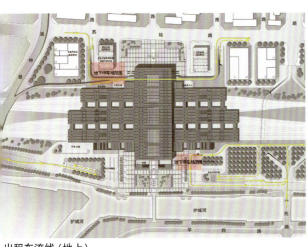

出租车流线（地上） 出租车流线（地下）

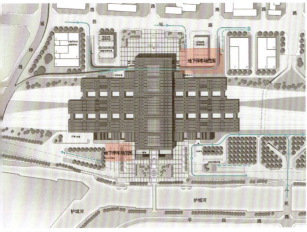

社会车流线（地上） 社会车流线（地下）

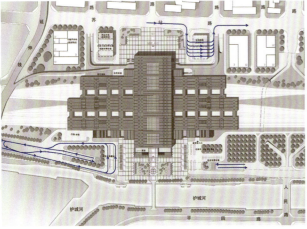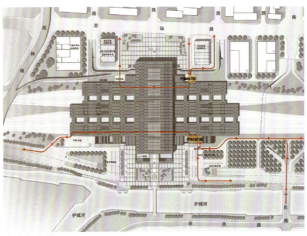

公交车流线 贵宾车流线

图8.8 各种车流交通流线分析

8.2.5　内部交通流线设计

旅客流向设计为上进下出的形式，由高架层进站，自地下层出站。

（1）进站旅客流线。步行或乘坐公交车的旅客，在半室外的站厅通过自动扶梯至高架候车室进站。在淡季时，可经地下快速进站通道直接进入站台。北站房乘轿车进站的旅客，可直接上至高架平台，经站厅到达各候车区候车。地铁旅客由地铁站厅层乘扶梯上至下沉广场层，再上至高架层，到达进入候车区进站。母婴候车、残疾人候车区，由专门通道进入无障碍候车区。各站台、通道均设置残疾人电梯，保证残疾人士的无障碍通行。团体旅客或快速常客通过高架层两侧的快速进站通廊直接进站。贵宾车经贵宾专用通道进入基本站台或贵宾候车室。

【苏州火车站进站流程】

（2）出站旅客流线。出站旅客下至地下层出站通道，检票后到达南、北出站厅。旅客也可通过自动扶梯下至地铁站厅层换乘地铁 2 号线、4 号线，或直接前往南北广场地下的出租车载客区和地下社会车停车场。通过扶梯或者坡道去往南北地面广场换乘公交车、长途车和旅游车。

内部旅客交通流线设计如图 8.9 所示。

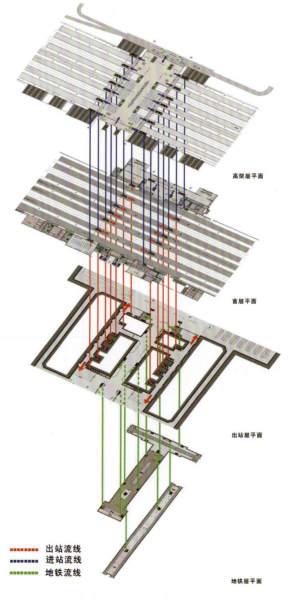

图 8.9　内部旅客交通流线设计

8.3 车站空间功能布局

8.3.1 地下出站通道层（-6.75m 标高）

结合商业服务用房布置在站房中心线上，将南北广场的下沉空间连通。通廊东西两侧，另有两条出站通道连接出站厅。其中一条在淡季可作为快速进站通道。中央地下通廊还设有通向下层地铁的出入口，方便地铁和铁路旅客的换乘。两翼另有连通南北地下停车场的环形车道。

地下出站通道层平面图如图 8.10 所示，出站层平面流线分析如图 8.11 所示。

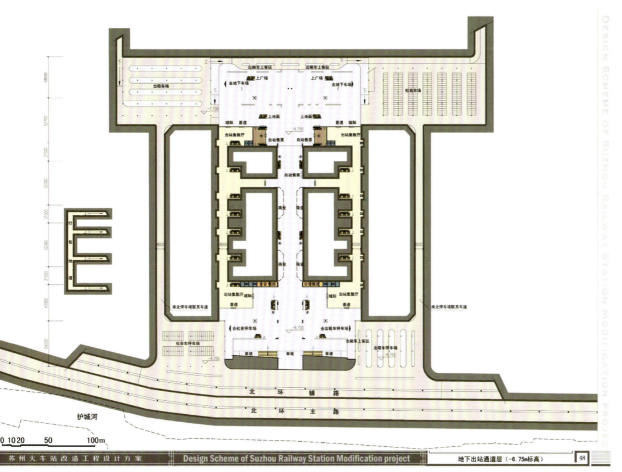

图 8.10　地下出站通道层平面图

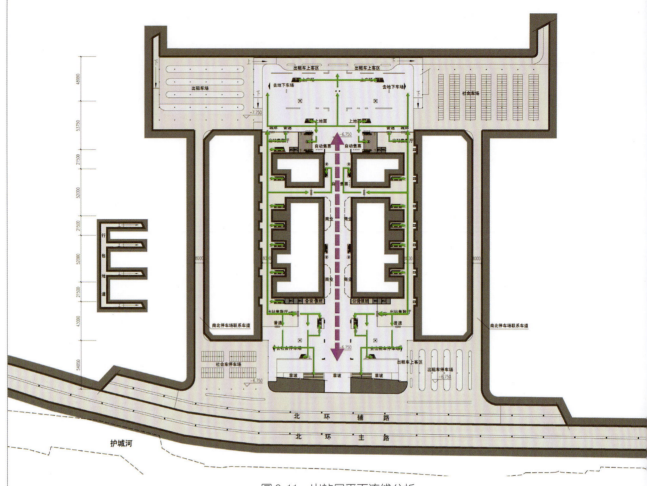

图 8.11 出站层平面流线分析

8.3.2 站台层（0.00m 标高）

设 7 座站台，其中 1~3 站台为普速列车停靠，4 站台中间设隔离带分别供城际列车和普速列车停靠，5~7 站台为城际列车站台。

北站房站厅的室内空间高达二层，南站房站厅结合广场，设计成面向古城开放的半室外空间。基本车站台候车室和售票厅，贵宾候车室、行包房及其他车站管理用房，通过庭院井然有序地连成整体。

站台层平面图如图 8.12 所示，站台层平面流线分析如图 8.13 所示。

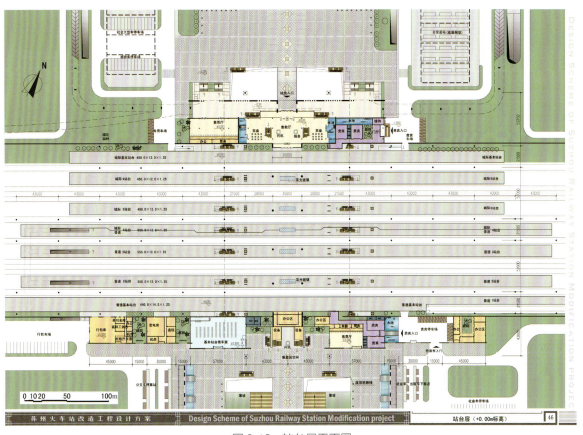

图 8.12 站台层平面图

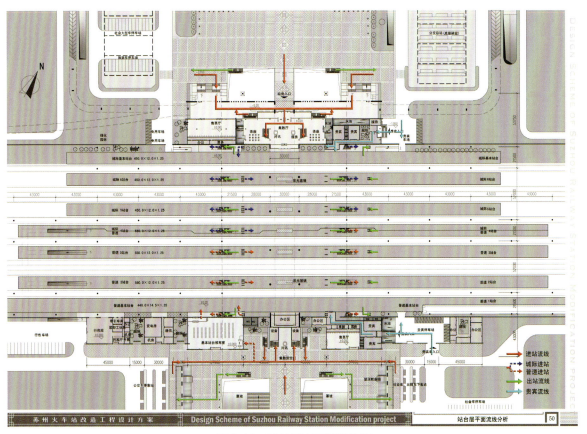

图 8.13 站台层平面流线分析

8.3.3 高架层（+8.25m 标高）

内部空间高达 15m 的候车大厅将南、北站房连成整体。普速旅客为等候式候车、城际旅客为通过式候车，虽然分别设置检票系统，但是候车区空间共享，小桥流水的室内景观、苏味十足的小体量商业服务用房则根据需要来设置。

高架层平面图如图 8.14 所示，高架层平面流线分析如图 8.15 所示。

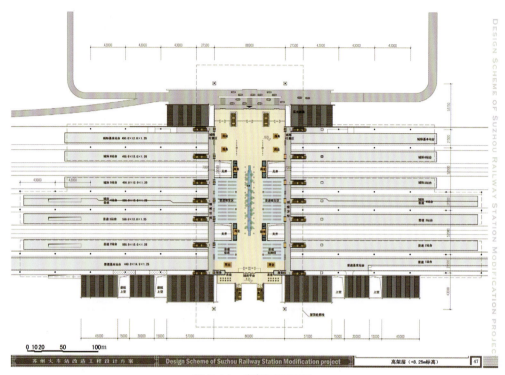

图 8.14　高架层平面图

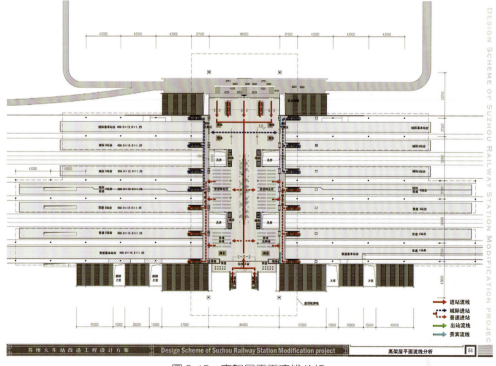

图 8.15　高架层平面流线分析

8.3.4　地铁层（-11.75m 标高，-16.75m 标高）

地下二层是地铁 2 号线站台层和 4 号线的站厅层，有多个出入口连接中央通廊和南北站房。地下三层是地铁 4 号线的站台层和设备管理用房。

地铁层平面图如图 8.16 所示。

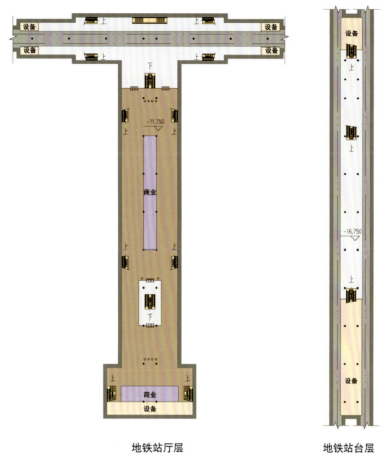

图 8.16　地铁层平面图

8.4　空间形态与建筑造型

苏州被誉为"东方威尼斯"，是一座举世闻名的文化名城。水网纵横交错的古城中，街道依河而行，建筑临水而造，"水城人家尽枕河，鱼米之乡遍书声"。"小桥、流水、人家、园林"在雨丝般吴侬软语的陪伴中，度过了千年的玲珑时光，凝聚为一座吴文化的都城，也造就了中国经济最发达的城市之一。

整体连续的棱型屋顶与结构浑然一体，袅袅粉墙伸进了深灰色屋面的端头，覆盖着现代化交通建筑的大空间，层层叠叠、纵横交错，延续着古城的肌理。在与古城隔河相望的南广场上，两组镶嵌着巨型灯笼的圆柱撑起大跨度的现代化棚架，栗色的结构杆件呼应着粉墙黛瓦。斜坡顶、灯笼柱映衬在粉墙上，在吴韵天空下讲述着水巷船家的生活。

俯视烟雨姑苏水乡，新城区环绕着古城，黛瓦、粉墙、栗柱构成的城市肌理跨过河流、街巷、民居，覆盖在苏州站上。粉墙将站房各部分空间连成整体，或藏或露、或深或浅、浓浓淡淡、飘飘袅袅，将现代化车站的宏伟壮观融于千年古韵中。图 8.17 所示为建筑造型与空间形态中"苏"式风格的体现。

立面中的"苏"

室内中的"苏"

图 8.17　建筑造型与空间形态中"苏"式风格的体现

站台雨棚在铁路线上空的通透，给旅客带来了阳光和清风。站台棚架系统为太阳能的利用提供了基础。随着更多洁净能源的使用，环保和艺术的结合，使得这座全新的交通枢纽成为一个绿色的环保中心，如图 8.18 所示。

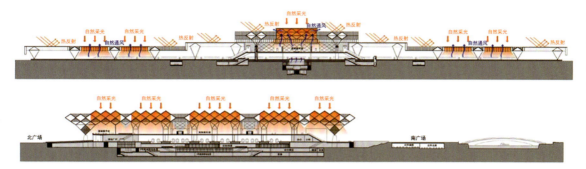

图 8.18　绿色设计理念

8.5　设计表现

8.5.1　立面图

设计立面图如图 8.19～图 8.21 所示。

图 8.19　南立面图

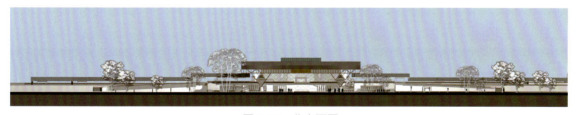

图 8.20　北立面图

图 8.21　西立面图

8.5.2 效果图

设计效果图如图 8.22~图 8.31 所示。

图 8.22　南立面透视图

图 8.23　南广场人视点透视图

图 8.24　北广场人视点透视图

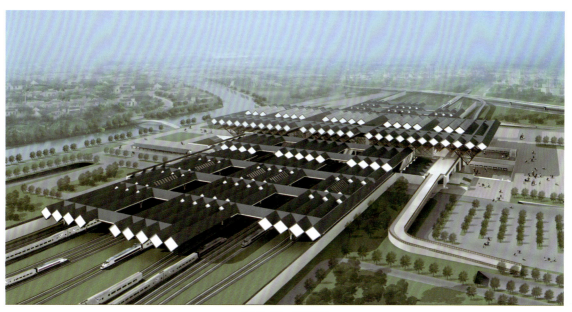

图 8.25　鸟瞰图

图 8.26　夜景鸟瞰图

图 8.27 南广场入口透视图

图 8.28 进站高架透视图

图 8.29 户外景观透视图

图 8.30 站厅室内透视图

图 8.31　站台雨棚透视图

8.5.3　实物模型

设计实物模型如图 8.32 所示。

图 8.32　实物模型

参考文献

崔冬辉，2007. 室内设计概论 [M]. 北京：北京大学出版社.

程大锦，2008. 建筑：形式、空间和秩序 [M]. 3 版. 刘丛红，译. 天津：天津大学出版社.

陈朔. 地铁空间环境装饰与设计探析 [J]. 品牌研究，2010（2）.

陈朔. 地铁中心的公共艺术设计 [J]. 美与时代（城市版），2019（6）.

陈翔，姜斌，宋寿剑. 历史文化街区环境小品生态设计思考 [J]. 生态经济，2017（5）.

邸锐，2015. 室内空间设计 [M]. 武汉：武汉大学出版社.

都红玉，王星航，2011. 空间概念设计 [M]. 天津：天津大学出版社.

付瑶，2007. 客运站建筑设计 [M]. 北京：中国建筑工业出版社.

顾大庆，柏庭卫，2011. 空间、建构与设计 [M]. 北京：中国建筑工业出版社.

郭晓阳，王占生，2014. 地铁车站空间环境设计：程序・方法・实例 [M]. 北京：中国水利水电出版社.

肯尼恩・弗兰姆普敦，2007. 建构文化研究——论 19 世纪和 20 世纪建筑中的建造诗学（修订版）[M]. 王俊阳，译. 北京：中国建筑工业出版社.

马克・安吉利尔，德尔克・黑贝尔，2011. 欧洲顶尖建筑学院基础实践教程（上、下册）[M]. 祁心，等译. 天津：天津大学出版社.

史坦利・亚伯克隆比，2009. 室内设计哲学 [M]. 赵梦琳，译. 天津：天津大学出版社.

托马斯・史密特，2003. 建筑形式的逻辑概念 [M]. 肖毅强，译. 北京：中国建筑工业出版社.

汪丽君，2005. 建筑类型学 [M]. 天津：天津大学出版社.

卫东风，2014. 室内空间设计与实训 [M]. 北京：北京大学出版社.

杨冰，2006. 地铁建筑室内设计 [M]. 北京：中国建筑工业出版社.

约翰・科尔斯，纳奥米・豪斯，2008. 室内建筑设计基础教程 [M]. 李丽，侯兆铭，译. 大连：大连理工大学出版社.

张琪，2014. 室内装修材料与施工工艺 [M]. 北京：化学工业出版社.

赵晓芳，王湘，2014. 图说交通建筑设计 [M]. 上海：同济大学出版社.

周芬，汪帆，2014. 室内设计原理与实践 [M]. 武汉：华中科技大学出版社.

朱雷，2015. 空间操作——现代建筑空间设计及教学研究的基础与反思 [M]. 2 版. 南京：东南大学出版社.